LIÇÕES DE **GARRA, FÉ E SUCESSO**

VITOR BELFORT

LIÇÕES DE **GARRA, FÉ E SUCESSO**

VITOR BELFORT

PREFÁCIO DE **BERNARDINHO**

THOMAS NELSON
BRASIL

Rio de Janeiro, 2012

Vitor Belfort: Lições de garra, fé e sucesso
Vitor Belfort

Publisher	*Omar de Souza*
Editor responsável	*Renata Sturm*
Produção editorial	*Thalita Aragão Ramalho*
Capa	*Scintilla Lima*
Preparadora de original	*Valéria Martins*
Revisão	*Mariana Moura*
	Michele Paiva
	Anna Beatriz Seilhe
Diagramação e projeto gráfico	*Gabriella Rezende*
Impressão	*Edigráfica*

CIP-BRASIL. CATALOGAÇÃO-NA-FONTE
SINDICATO NACIONAL DOS EDITORES DE LIVROS, RJ

B378v

Belfort, Vitor
Victor Belfort: lições de garra, fé e sucesso/ Vitor Belfort; prefácio de Bernardinho. - Rio de Janeiro: Thomas Nelson Brasil, 2012.
ISBN 978-85-7860-314-4

1. Belfort, Vitor. 2. Lutadores marciais - Brasil - Biografia. I. Bernardinho, 1959-. II. Título.

12-3904. CDD: 927.968
CDU: 929:796.8

Thomas Nelson Brasil é uma marca licenciada à Vida Melhor Editora S.A.

Rua Nova Jerusalém, 345 – Bonsucesso
Rio de Janeiro – RJ – CEP 21402-325
Tel.: (21) 3882-8200 – Fax: (21) 3882-8212 / 3882-8313
www.thomasnelson.com.br

"Conheci Vitor Belfort há cerca de vinte anos na Academia Golds, em Venice, quando ele surgiu como "O Fenômeno", antes de aparecer outros fenômenos no novo e empolgante esporte do MMA. Vitor foi o primeiro lutador brasileiro que conheci, cheio de energia e bem tímido na época. Seu treinamento para desenvolver a força era muito diferente de qualquer outro que eu tivesse visto — era voltado ao desenvolvimento da técnica tanto de pé quando no solo. Naquele tempo, seus músculos e sua mentalidade iam além da prática do esporte. Canhoto, sua habilidade era equivalente ao de um lutador profissional, sob a tutela do treinador Al Stankie. Vitor foi um dos primeiros faixas pretas do jiu-jitsu capaz de lutar de pé. Nesses vinte anos, ele enfrentou combates e tribulações, e falo principalmente do que aconteceu com sua irmã. Ele poderia afundar, mas, em vez disso, continua em atividade porque seu amor a Deus e sua garra de campeão ainda ardem dentro dele. É um fenômeno que se tornou uma lenda."

Mickey Rourke, ator

"O subtítulo do livro define bem a vida profissional e o sucesso de Vitor Belfort: garra, fé e sucesso. Vitor sempre foi um exemplo de garra. Passou pelas mais duras provações e mostrou que os grandes campeões se forjam na superação dos piores momentos. A fé é fundamental para o ser humano, e Vitor tem se mostrado um homem de muita fé. O sucesso não é tão difícl de ser alcançado, mas é muito difícil saber conviver com ele. Vitor tem sido sempre um digno campeão."

Galvão Bueno, locutor da Rede Globo

"Vitor Belfort é um dos atletas mais fortes do MMA. Ele representa a riqueza cultural e histórica do espírito de luta do Brasil. Os fãs e as pessoas em geral ficarão emocionados com sua história."

Randy Couture, cinco vezes campeão do UFC

"Vejo no Vitor um exemplo de superação tanto na vida pessoal quanto profissional. Princípios como dedicação, perseverança e paciência são fundamentais na vida de um campeão, mas, acima de tudo, a fé. Neste livro você vai poder conferir o quanto isso faz a diferença."

Kaká, jogador do Real Madrid e da seleção brasileira de futebol

Dedico este livro a Deus, em primeiro lugar, pois sem ele eu não teria a maior riqueza que um homem pode ter: minha família.

Em segundo lugar, à minha esposa, que tanto amo, e aos meus filhos, Davi, Vitoria e Kyara; aos meus pais; e a todos os jovens e pessoas que enfrentam conflitos em sua alma.

Sumário

Agradecimentos

Agradeço a Deus pela oportunidade de poder dividir minha história com vocês.

À minha esposa, pois sem o seu esforço e dedicação, esta obra jamais teria sido produzida.

A Dan Duke, que sempre incentivou meu crescimento espiritual.

A meu amigo Mark Shubert.

A meu primo Pedro Lima.

E à Thomas Nelson Brasil por acreditar em minha história.

Prefácio

SEMPRE TIVE MUITO INTERESSE EM livros que retratassem pessoas das mais diferentes áreas em sua luta na busca pela excelência. Tentar entender por que foram bem-sucedidas ou fracassaram, como entendiam o sucesso e como o perseguiam. O que as motivava a seguir em frente depois de uma queda ou lutar quando o mais fácil seria desistir. Ler *Vitor Belfort: lições de garra, de sua fé e sucesso*, a história da trajetória de Vitor, me fez entender um pouco mais sobre como se constroem grandes campeões.

Campeões são aqueles que dão o seu melhor quando o seu melhor é necessário, mesmo que nesse momento o homem por trás do campeão chore pelo desaparecimento de um ente querido. São aqueles que entendem que coragem não significa ausência de medos, mas saber domá-los, enfrentá-los e confrontá-los. Que sabem que um verdadeiro campeão não é medido apenas pelo placar, pela cor da medalha ou pelo número de vitórias e derrotas. Há muito mais no jogo da vida: fazer o certo e não buscar a conveniência; desfrutar a paz de espírito proveniente da consciência de que você fez o seu melhor, sempre.

Este livro apresenta uma história repleta de lições que nos fazem questionar sobre nossa vida, nossas relações pessoais e nossas convicções. Mostra como a paixão pode ser o mais valioso pilar da motivação das pessoas, como nos devemos manter fiéis aos nossos princípios e à nossa fé, seja ela qual for. Um livro que revela ao leitor quanto há por trás do atleta que sobe no octógono ou entra numa quadra; o quanto de suor, de dedicação, de sofrimento pela dor física provocada por cansaço ou lesões — ou pela pior delas: a provocada pelo distanciamento do atleta de sua família.

Vitor nos mostra a verdadeira dimensão humana do atleta, do guerreiro que chora, comemora, que se angustia e regozija, mas que não abandona a luta, pois o prazer e a essência estão no processo de luta permanente. É um livro para quem gosta do esporte de luta, mas, principalmente, para quem aprecia a linda e intrigante luta da vida.

BERNARDO REZENDE (BERNARDINHO)
Técnico da seleção brasileira de vôlei

Prólogo

EU SOU UM GUERREIRO. Não apenas um lutador profissional da modalidade esportiva que atualmente mais cresce no mundo, o MMA — abreviação de Mixed Martial Arts (Artes Marciais Mistas) —, mas também um guerreiro diante da vida. Se você procurar em livros ou na internet por imagens de guerreiros, verá homens fortes, vestidos com capas e capacetes, empunhando escudos, lanças e outras armas. Eu não uso armas. Minhas mãos e meu corpo são tudo o que tenho. Eu os treino diariamente para que deem conta da minha empreitada, que envolve obter a vitória não apenas dentro do octógono, mas, principalmente, fora dele.

Ao mesmo tempo em que cultivo a parte física, desenvolvo os aspectos mental, emocional e espiritual. Porque, quando o corpo de um homem começa a falhar, são esses os valores de que ele dispõe. Um homem pode ser velho, mas se tiver o coração e a mente ativos, será jovem para sempre, eternamente.

Ser guerreiro, como tudo na vida, tem o lado bom e o ruim. O lado bom é sempre estar preparado para lutas e batalhas que podem chegar a qualquer tempo, em qualquer lugar. O lado ruim é que, ao manter uma atitude de guerreiro diante da vida, o sujeito pressupõe que esses conflitos sempre vão acontecer. Esse é um dos motivos pelos quais aprendi a acalmar a agitação dentro de mim e cultivar a paz.

Eu sempre quis mais para mim do que estar em um octógono lutando. Sempre soube que a vitória mais importante é olhar para os lados e para trás e poder dizer: "Eu consegui. Cheguei lá." Isso tem a ver com a realização do sonho mais querido e profundo de cada um.

Hoje eu vivo em Las Vegas, que está se tornando o maior centro de turismo dos Estados Unidos, à frente de Nova York e de Orlando. Em 2011, Vegas recebeu 42 milhões de turistas, sendo que a cidade tem apenas dois milhões de habitantes. Para se ter uma ideia, é como se as autoridades brasileiras criassem uma cidade turística onde fosse Carnaval o ano inteiro, e em todas as noites acontecesse um *réveillon* em Copacabana.

Eu moro distante dessa agitação, em uma casa grande e confortável, em uma área residencial da cidade, com a minha família: a minha mulher, Joana Prado, e os nossos três filhos: Davi, com sete anos; Vitoria, com quatro; e Kyara, que ainda vai completar três. Escolhi viver em Las Vegas porque os melhores lutadores e treinadores de MMA do mundo moram ou vão a essa cidade várias vezes por ano para treinar e competir. A sede da UFC — The Ultimate Fighting Championship, principal promotora dos campeonatos de MMA no mundo — também está em Vegas.

Atualmente, estou me preparando para deixar de lutar e me tornar 100% homem de negócios. Existem várias iniciativas em andamento. Uma delas é ajudar na valorização e na promoção do UFC ao redor do mundo, especialmente no Brasil. Para isso, tenho feito a ponte com várias empresas brasileiras para que atuem como patrocinadoras das lutas e da exibição na tevê. Existem muitas outras possibilidades abertas, que vou contar mais adiante.

Trabalhar com o que amo e acredito faz de mim um homem feliz. Mas a maior fonte de felicidade, para mim, é a minha família. Eu sempre quis ter uma família unida, desde que sofri minha primeira decepção, aos quatro anos, com a separação dos meus pais. Embora todo mundo fale mal da família, ninguém inventou nada melhor até hoje. A família, quando amorosa e bem estruturada, é a maior fonte de seres humanos saudáveis que pode existir.

Trabalhei duro para construir essa família. Eu me esforcei para melhorar como pessoa, mas, principalmente, sabia o que queria, tinha uma meta e não sosseguei enquanto não a cumpri. Uma vez que consegui o que projetei, surgiram outros desafios, pois a vida está sempre nos surpreendendo. Quando estava prestes a abrir mão do meu maior tesouro, só mesmo um desafio à minha índole de guerreiro para me chamar à realidade.

A minha família, que eu também considero a minha maior e mais importante vitória, só se tornou possível porque, em determinada época da vida, busquei e encontrei Deus dentro de mim. Mesmo antes de imaginar que poderia conhecê-lo mais a fundo, ele já estava lá, protegendo e me orientando, só que eu ainda não sabia.

Olhando para trás, vejo o longo caminho atribulado que eu tive. Fui convidado a tomar atalhos e desvios tentadores, mas na última hora retrocedi. Eu também poderia ter submergido em raiva, ódio, revolta, indignação — tive e ainda tenho motivos para isso. Mas nunca aceitei a infelicidade. Sempre acreditei que tenho o direito de ser feliz, todo ser humano tem. Mas é preciso querer, fazer essa escolha.

Sei que sou uma pessoa pública e que cada aparição minha, cada coisa que eu digo, pode influenciar milhares de pessoas. A intenção deste livro é não apenas contar a minha história, mas também transmitir uma sabedoria que lutei para obter, que foi gerada dentro de mim com muito esforço. Aceito esta tarefa com a consciência tranquila, porque o meu relacionamento com Deus não é da boca para fora.

Eu realmente procuro viver, tanto quanto possível, tudo o que ele disse, tudo o que ele pregou.

Espero poder inspirar e levar esperança a quem ler este livro. Se eu conseguir que pelo menos uma pessoa triste escolha a felicidade após a leitura, ele já terá valido a pena. Seremos vitoriosos.

Capítulo I

Primeiro *round*

A DEFINIÇÃO DE "PRIMEIRO ASSALTO" nas competições de boxe e MMA é "primeiro *round* da luta". Assim como no octógono, todo ser humano já nasce lutando e precisa aprender a ganhar e a perder. Não dá para ganhar sempre. Nem é bom perder sempre.

A primeira luta é ser concebido. Porque, dentre milhões de espermatozoides lançados rumo ao óvulo, apenas um consegue fecundá-lo. A batalha se dá, pois ele tem de vencer uma longa distância, abrir espaço entre seus semelhantes, sobreviver ao meio e fazer um bocado de força para vencer a resistência da superfície do óvulo. A gente não se lembra de nada disso, mas é uma luta.

Nove meses depois, se tudo correr bem, o ser humano sofre sua primeira derrota: perde o aconchego do útero e é obrigado a sair para o mundo. Ele estava lá dentro, quentinho, protegido, mas é expulso, não pode ficar mais.

Hoje em dia, com o parto humanizado, esse trauma é menor. A criança nasce na penumbra, com música calma, fica um tempo em cima da barriga da mãe, descansando do aperto (literal) do nascimento, e depois o pai corta o cordão umbilical. Devo confessar que o parto dos meus filhos não foi assim, foi no hospital comum mesmo. Davi e Vitoria nasceram de parto normal, mas a Kyara, apesar de já ter o caminho aberto pelos outros, estava dormindo e teve de ser retirada à força, por cesariana.

Após o susto do nascimento vem um bônus: o ser humano será alimentado e aconchegado; receberá carinho. Na melhor das hipóteses. Porque, infelizmente, nem todos têm tal sorte. Lembro-me de uma notícia que li no jornal sobre um bebê nascido sem as duas pernas que foi deixado em um saco de supermercado na porta de um orfanato. Esse rapaz cresceu e se tornou campeão de tênis de mesa. Em outras palavras, ele nasceu em desvantagem total, mas conseguiu criar uma história positiva, bem diferente da tragédia inicial. Isso é ser guerreiro, lutador.

Mesmo que o bebê seja amamentado com amor e carinho, os meses passarão e chegará a segunda derrota: vai perder o seio materno e ser obrigado a comer. E por aí vai.

Sou fruto de uma *broken family*. O significado literal é "família partida". Nos Estados Unidos, esse é o termo criado para designar as famílias cujos pais se separaram. Então, se alguém pergunta: "Você tem família?", o outro responde: *"Yes, I have a broken family."*

Meus pais se separaram cedo, eu tinha quatro anos. Não me lembro de muita coisa dessa época. Dizem que aos cinco anos toda criança esquece tudo o que se passou nessa primeira etapa da vida. Mas a memória emocional fica. Então, a minha recordação ou sensação é de que eu vivia em um ambiente hostil. Não tenho qualquer registro do afeto dos meus pais juntos dentro de casa. Não me lembro do meu pai me ensinar como amar uma mulher. Ou da minha mãe me explicando o que significava para ela amar um homem. Nas suas diferenças, meu pai e minha mãe viviam atirando flechas um no outro. Eu e minha única irmã, Priscila, três anos mais velha que eu, ficávamos no meio, e volta e meia éramos atingidos.

Hoje eu observo, nos processos de separação de casais próximos, os advogados e o próprio casal muito preocupados com a divisão dos bens materiais. Eles se esquecem de preservar o bem maior resultante da união: os filhos. Assim, as crianças ficam expostas a acusações, palavras feias, sentimentos negativos, que lhes causam sofrimento. Minha irmã, principalmente, sempre entrava na briga dos nossos pais, tomando partido de um ou de outro. Eu nunca tomava partido. Dizia: "Vocês foram o canal para eu vir ao mundo, sou grato aos dois, mas isso é problema de vocês."

Li em algum lugar que os maiores traumas que um ser humano pode ter são: morte, separação e mudança. Quando um casal se separa, esses três traumas acontecem juntos. Porque é a morte do amor, a separação dos corpos e uma mudança radical de vida — até mesmo mudança de casa, como foi o nosso caso.

A questão da moradia foi um agravante na desestruturação da minha família. Eu e Priscila nascemos num apartamento próprio, comprado pelo meu pai. Quando veio a separação, esse apartamento foi vendido para que cada cônjuge comprasse um imóvel. Meu pai, porém, não fez um bom negócio. Por isso, os dois ficaram sem casa própria, passando a viver de aluguel. Foi um terrível erro, pois, como diz a música de Paulinho da Viola, "dinheiro na mão é vendaval". Dinheiro não aceita desaforo. Acabou sendo gasto.

Após a separação, meu pai alugou um apartamento para nós (eu, minha mãe e minha irmã) no Leblon. Houve chances para o meu pai comprar outro apartamento para a família, mas em decorrência das constantes brigas entre os dois, esse projeto jamais se realizou.

Morar no Leblon tinha seus encantos. Era um lugar muito gostoso. Lembro-me de chegar na janela à noite e sentir o cheiro da maresia — muito embora ela também estragasse todos os objetos de metal da nossa casa. Mas isso era nada comparado à facilidade de morar perto da praia.

Quando eu e Priscila ficávamos muito agitados, bastava descer e ir às praças do Leblon. Eu gastava toda a minha energia correndo, pulando, jogando bola e brincando nas ondas do mar. Sou carioca da gema. Amo o mar: num dia, calmo e suave; no outro, barulhento e bravo. O mar tem humores, igualzinho a um ser humano.

O proprietário ofereceu vender esse imóvel, mas meu pai não quis. A decisão, acredito, resultou da separação. Toda separação gera muitas amarguras. Acho que, em meio às brigas, muitos casais pensam só em si, em seus caprichos e vaidades, e esquecem os filhos. Em vez de pensar em mim e na Priscila, que herdaríamos o imóvel, meu pai preferiu não ceder.

Minha mãe, percebendo isso, argumentava: "Belfort, nós precisamos de uma casa própria. Coloca no nome das crianças." Mas não houve jeito. Se ele tivesse comprado, seria um grande investimento para a família. Não foi por falta de oportunidade. Foi por pirraça.

E, assim, peregrinamos de apartamento em apartamento, de aluguel em aluguel, a vida inteira. Até hoje, nem meu pai nem minha mãe possuem um imóvel próprio. Ele mora em um apartamento alugado, e ela, com minha tia na casa dos meus avós, que já faleceram. Esse apartamento, sim, é próprio.

A teimosia de meu pai tem um custo enorme até hoje, muito além do aluguel que ele paga todos os meses. Isso ficou como uma ferida que não cicatrizou. Porque existem as feridas que fecham, deixando cicatrizes, mas são assuntos encerrados. Outras incomodam a vida inteira.

O fato de não comprar o apartamento e gastar o dinheiro foi a deixa que ele ofereceu para minha mãe culpá-lo até hoje. Isso foi como um freio na vida dela — um freio que ela mesma se impôs para não ir adiante e batalhar por seus sonhos. Eu ainda escuto: "Isso que está acontecendo agora é culpa do seu pai. Se ele tivesse comprado o meu apartamento..."

Entendo que meu pai errou, mas ele não é culpado pela má sorte da minha mãe. Ela é adulta, responsável por seus atos e escolhas, e teve oportunidade de mudar a sua história, mas acabou deixando como está. Ainda houve uma tentativa de transferir a responsabilidade da casa própria para mim. Cheguei a ouvir: "Você ficou de me dar um apartamento e não deu." Respondi: "Não sou seu marido, mãe. Os pais é que costumam dar apartamentos aos filhos, então vocês é que deveriam me deixar um imóvel. Eu nunca vou desamparar vocês, mas não posso assumir um papel de pai e marido em relação a vocês."

Essa história virou uma maldição que foi quebrada por decisão minha, pois poderia se tornar um daqueles problemas que passam de geração em geração. Decidi não carregar isso em meu DNA — não apenas as características emocionais dos meus pais, mas também seus dramas, conflitos internos e postura diante da vida. É possível se livrar disso, mas tem de querer, de se esforçar, de pedir ajuda a Deus. Ele pode limpar isso.

Eu me comovo com a frase utilizada pelas associações anônimas para chamar as pessoas para se curar. O cartaz do Alcóolicos Anônimos, por exemplo, diz assim: "Problemas com a bebida? Se você quiser parar, nós podemos ajudar." Ou seja, o primeiro passo é querer. A partir daí, tudo é possível.

Nem meu pai nem minha mãe conseguiram quebrar a maldição da separação, tanto que nenhum dos dois se casou novamente. Mas eu fiz a minha escolha. Esse problema morre na geração deles. Vou trabalhar e me esforçar para deixar um patrimônio para os meus filhos.

A separação, a propósito, causa muita insegurança nas crianças. Tudo o que elas conhecem é a própria família: pai e mãe dentro de casa, horário para acordar, comer, ir à escola, dormir. Ver essa estrutura se desmantelar de uma hora para outra as faz pensar: "O que será de mim?" Em sua pequenez e falta de experiência, a criança imagina que, da mesma forma que acabou o amor que unia a família, pode acabar o amor por ela. Ainda há a tristeza pela perda da convivência com os pais e o medo de perder um deles de vista como consequência do afastamento do casal.

A minha irmã Priscila aparentemente lidava melhor com essas dificuldades que eu. Ela sempre se mostrou tranquila, sábia e madura. Tirava notas boas e tinha bom comportamento na escola. Já eu comecei a dar problemas cedo. Minhas notas eram ruins, repeti de ano várias vezes. Ao longo da infância e da adolescência, peregrinei por mais de cinco colégios diferentes e fui "convidado a me retirar" de pelo menos dois. Por quê? Porque eu era hiperativo e isso me causava muitos problemas.

Regras? Para quê?

Os principais sintomas do transtorno de déficit de atenção ou hiperatividade são agitação, falta de atenção e impulsividade. Para mim, era difícil ficar sentado em sala de aula. Faltava-me concentração para obedecer aos detalhes e às instruções da professora, de modo que as minhas tarefas ficavam sempre incompletas. Eu tampouco conseguia seguir as regras das brincadeiras com os colegas, e logo os meninos passaram a me excluir e dar apelidos desagradáveis. Na verdade, eu estava sofrendo pela separação dos meus pais e manifestava isso através da hiperatividade, que me causava ainda mais sofrimento.

Entretanto os meus pais, apesar das desavenças, nunca descuidaram de nós. Aos cinco anos, me levaram a uma psicóloga. No início, achei aquilo muito estranho e não falava nada. No consultório havia jogos e brinquedos que eu podia usar à vontade e também livros de histórias. Mas, na minha agitação, só existia um brinquedo que me interessava: a bola. Percebendo isso, Regina (era esse o nome da psicóloga) afastava os móveis e me deixava ficar quicando a bola na parede, como se fosse um jogador profissional.

Com o tempo, passei a levar minha própria bola, toda autografada por atletas do vôlei, que meu pai me dera. Ele foi um grande jogador, amigo de Bernard, Montanaro e Bernardinho, entre outros, que formaram uma das maiores gerações do vôlei brasileiro. E a Regina entrava na brincadeira, fazendo o papel de levantadora ou goleira (quando jogávamos futebol). Após algum tempo, ela sempre convidava: "Vitor, vamos parar para descansar um pouquinho?" E emendava: "Como está a sua vida?"

Às vezes, eu chegava revoltado, chutava e esmurrava as almofadas. Teve um dia em que afirmei que iria virar pivete:

— Não aguento mais morar na minha casa. Vou viver na rua.

Regina sempre dava um jeito de positivar as coisas. Nesse caso, ponderou:

— Existe um lado bom em ser pivete: a liberdade de fazer o que quiser na hora que quiser. Mas também tem o lado ruim da fome, ter de fugir dos guardas que quiserem pegar você...

Aí eu acabei desistindo.

Regina era uma pessoa calma que me transmitia confiança e tranquilidade. Aos poucos, fui percebendo que o consultório era um espaço meu, onde eu podia falar o que sentia sem magoar ninguém. Assim, as coisas foram saindo de mim. Fui atendido por ela até os treze anos, e depois, ela ainda cuidou da minha irmã.

Não culpo os meus pais por nada que tenham feito ou dito. Eles são humanos e, como todo ser humano, são imperfeitos. É claro que desejavam o melhor para mim e minha irmã, mas só puderam dar o que tinham para dar em cada momento da vida. Apesar das suas limitações, eles me transmitiram valores e amor suficientes para que eu me transformasse em um guerreiro.

Guerreiros podem ganhar mais prestígio nas vitórias, mas é durante as lutas que eles são moldados. Cada obstáculo, independentemente de como lidamos com ele, serve para nos lapidar, aprimorar, ajustar. Se nosso rumo está incorreto ou se nossa atitude é inadequada, a luta deixa isso bem claro e mostra que é hora de rever os passos. É claro que podemos ignorar as lições, e é bem provável que isso nos leve a mais dificuldades.

Mas se tivermos sensibilidade e sabedoria, saímos de uma batalha muito mais capazes do que entramos.

Essa compreensão veio quando, em determinado momento da vida, me coloquei no lugar dos meus pais e vi a quantidade de problemas, dificuldades e decepções que cada um traz na sua bagagem. Procurei lembrar que eles também foram magoados e contrariados por seus pais — meus avós —, e que só puderam me transmitir o que receberam. Isso me faz lembrar um dito popular: "Não espere uvas de onde brotam bananas, não espere cerejas de onde brotam mangas." Cada um dá o que tem para dar — a menos que a pessoa queira se esforçar para melhorar e poder dar outra fruta que não aquela que nasceu destinada a dar. Eu acho que sou assim. Nasci para bananeira, mas acabei dando uvas e cerejas. Para minha família e meus amigos, estou sempre oferecendo as frutas mais doces, tenras e suculentas que existem dentro de mim.

Muita gente passa a vida culpando os pais pelo seu fracasso ou insucesso. Quando alguém se aproxima de mim com esse tipo de argumento, eu simplesmente não acredito. Todos nós temos problemas. A questão é o que cada um faz com eles.

Tudo é uma questão de escolha. Eu sempre procuro ver o lado positivo das coisas. Tem gente que transforma um quebra-molas (ou lombadas, como dizem em alguns estados) em uma montanha. Outros transformam a montanha em quebra-molas. Eu sempre escolhi a segunda opção.

Não posso entrar na pele de crianças que nasceram sem o amor de seus pais. Mas, de um jeito ou de outro, elas sempre vão ter uma escolha. Umas ficam ressentidas, com raiva, amargas com a vida; outras fazem disso uma chance de transformação. Eu me incluo nesse segundo time. Não quero que isso soe como pretensão, pois não me considero melhor que ninguém. Entenda: isso só aconteceu comigo porque fiz a minha escolha.

Eu sempre procuro ver o lado positivo das coisas. Tem gente que transforma um quebra-molas (ou lombadas, como dizem em alguns estados) em uma montanha. Outros transformam a montanha em quebra-molas. Eu sempre escolhi a segunda opção.

Algo que me ajudou muito desde cedo, desde sempre, foi o esporte: natação, judô, futebol, tênis, bicicross. Eu gostava de todas essas modalidades, não tinha preferência. Por causa dos campeonatos, era necessário viajar e, com isso, eu perdia aulas. Meu desempenho escolar, que já não era bom, ficava ainda mais comprometido. As professoras, por sua vez, ao invés de ajudar e apoiar, diziam que era problema meu, que eu teria de dar conta de estudar e praticar esportes. Por isso, repeti de ano tantas vezes.

Meu pai era militar, engenheiro, foi atleta de vôlei e me incentivava a treinar. Mais que isso, me incentivava a vencer. Ele me deu direção na vida dizendo: "Seja um campeão." É claro que ele também dizia que o esporte iria proporcionar a chance de fazer amigos, ter bons contatos. Mas ele não aliviava a minha barra e a mensagem era: "Entre para vencer."

Acho que é por isso que escolheu para mim o nome Vitor, que vem do latim *victor*. O significado é *vencedor*, *vitorioso*. Quando o exército romano vencia o ataque de invasores ou dominava mais uma cidade em sua expansão, os soldados gritavam ao fim da batalha: *"Roma Victor!"* ("Vitória de Roma!" ou "Roma vitoriosa!"). Assim, o meu pai traçou o meu destino antes mesmo de eu nascer, e isso me ajudou bastante.

Começa no exemplo

Dizem que a mãe ajuda na construção emocional dos filhos e ao pai cabe dar-lhes sentido na vida. Minha mãe, professora de geografia, era uma mulher linda e carinhosa. Eu a admirava e sentia ciúmes dela. Aprendi com ela como expressar meu afeto com beijos, abraços e afagos. Sou muito carinhoso com meus filhos. Estou sempre pedindo beijos e abraços. O contato físico é muito importante para formar a autoestima das crianças. Já meu pai foi sempre tão firme e forte, que para mim ele era uma rocha. Ainda é.

Dar direção não significa dizer ao filho o que ele deve ser quando crescer. Isso, pelo contrário, é fonte de infelicidade para muita gente. O cara quer ser artista, mas o pai diz que tem de ser engenheiro. Vidas são comprometidas por causa desse autoritarismo. Dar direção significa transmitir valores e princípios como honestidade, sinceridade, transparência, fidelidade. Isso vai nortear o ser humano ao longo da vida, independentemente da profissão que escolher. É fácil falar: "Seja honesto, meu filho." Mas qual é o significado real dessa palavra?

Honestidade envolve uma série de atitudes e pensamentos que irão convergir no caráter do indivíduo. Para que esses preceitos sejam bem-apreendidos pela criança, é necessário dar o exemplo. Quando a relação com o pai funciona na base do "faça o que eu digo, não faça o que eu faço", valores e princípios se esvaziam de sentido, perdem valor. Portanto, é preciso mostrar mais com atos do que com palavras. Quem se habilita?

Incentivado por meu pai, quando eu tinha uns onze anos, comecei a praticar bicicross. Esse esporte surgiu nos Estados Unidos no início da década de 1970, quando as crianças começaram a imitar os ídolos do motocross com suas bicicletas. Elas construíam pistas de madeira para motos e bicicletas e realizavam corridas informais. A estreia do filme *Num domingo qualquer* (*On Any Sunday*, 1971), documentário no qual o astro de Hollywood Steve McQueen explicava os motivos de sua paixão pelas corridas de carro e motocicleta, deu impulso ao bicicross.

Em 1988, consegui chegar à final do campeonato brasileiro do esporte, realizado pela Federação Paulista de Bicicross, em São Paulo. Fui com a minha bicicleta Monark, primeira empresa a criar uma bicicleta especialmente desenhada para a prática do bicicross, que ganhou o nome BMX. Ela vinha da fábrica com tanque de gasolina falso, para-lamas e um banco igual ao de uma moto de motocross.

Meu pai e meu treinador e patrocinador me acompanharam nessa viagem. Eu estava muito nervoso porque um dos garotos que iria competir comigo era muito bom e tinha como patrocinador uma marca famosa de motocicletas de verdade. Enquanto estávamos nos enfileirando na linha de largada, eu olhava o garoto de longe. Comecei a sentir dor de barriga. Fiz sinal para o meu pai, chamei-o para perto de mim e disse: "*Tô* com dor de barriga, preciso ir ao banheiro."

O meu pai me encarou com o seu rosto largo e forte, meio escondido atrás dos óculos *ray-ban* que sempre usava. Ele olhou fundo nos meus olhos e falou: "Olha, você está na linha de largada. Você quis competir e me fez vir até aqui. Agora vai lá ganhar e depois pode fazer cocô onde quiser. Anda! Vai logo!"

Não tinha outro jeito, né? Respirei fundo e, quando foi dada a largada, já não sabia quem eu era, tinha esquecido completamente o tal garoto, toda a minha energia se concentrou automaticamente no meu objetivo, que era chegar antes de todos sem cair, sem esbarrar em ninguém. Quando dei por mim, estava cruzando a linha de chegada. Meu pai me esperava de braços abertos e me abraçou forte. Meu coração pulava na garganta, o ar queimava em meus pulmões. Eu tinha vencido: era campeão brasileiro.

Lembro que a atriz Lucia Veríssimo estava no auge naquela época. Ela era linda e me entregou o prêmio dando um beijo na minha bochecha. Fiquei tão emocionado e encantado com aquele beijo, que não queria lavar a bochecha. Voltei para casa com ele intacto e consegui conservá-lo por alguns dias, até que minha mãe perdeu a paciência e me enfiou à força embaixo do chuveiro.

Assim eu aprendi que não vale a pena fazer as coisas pela metade. Não adianta pensar de forma medíocre. Sei que é uma palavra forte, que ganhou uma dimensão mais depreciativa do que deveria. Na verdade, "medíocre" não quer dizer "ruim" ou "fraco", e sim o que se contenta em ficar na média, não busca a excelência. É claro que não dá para ser o melhor em tudo, mas também considero um erro viver na mediocridade.

É comum ver adolescentes fazendo as contas das notas que precisam tirar em cada matéria ao fim do ano letivo, para passar de ano. "Se eu só preciso de sete em matemática, para que vou estudar para tirar dez?" Essa é uma forma medíocre de pensar. Tudo bem que nunca fui um gênio em matemática; a minha especialidade é outra. Mas, se um filho meu me dissesse uma coisa dessas, levaria uma bronca. Se um garoto pensa assim, é porque faltou orientação sobre o modo de encarar a vida. Porque, se você quer se destacar, se quer ter sucesso em qualquer coisa, tem de dar o melhor de si. Não tem outro jeito. Até hoje, quando entro em qualquer competição (dentro ou fora do octógono), dou o melhor de mim. Eu entro para tirar dez.

Sou fruto de uma combinação harmoniosa entre minha mãe e meu pai. Enquanto meu pai cumpria o seu papel, minha mãe sempre me incentivava a realizar os meus sonhos. Ela nunca dizia: "Ah, meu filho, esquece isso." Pelo contrário, todo desejo que eu manifestava era para ela uma chance de realização e, mais que isso, uma possibilidade de construção.

Aos doze anos, eu me aproximei de Jovita (como se chama a minha mãe) e disse: "Quero ser campeão mundial de boxe." Ela saiu, comprou um saco para treinar socos e o pendurou no teto, bem no meio do meu quarto, dizendo: "Você tem de estudar, tem de fazer seus deveres de casa, só depois pode treinar." Eu cumpria o combinado e passava o resto do tempo socando o saco.

Havia uma tevê no meu quarto. Enquanto treinava, eu assistia a vídeos de lutas do Mike Tyson e punha música para tocar. Vi todos os filmes do *Rocky*, com Sylvester Stallone. Comprei uma bolinha para exercitar as mãos, igual à dele. Comprei uma touca como a dele e, à noite, me vestia de Stallone para correr ao redor da Lagoa Rodrigo de Freiras. Minha mãe ficava preocupada, mas deixava.

Existe uma diferença entre desejo e sonho. Desejo é uma coisa que dá e passa. Quando muito, é uma vontade condicionada a querer alcançar certas coisas. Uma vez que são alcançadas, o desejo desaparece e surge outro em seu lugar. Sonho é algo para toda a vida. Ele dá inspiração, motivação para seguir em frente. Ele rende frutos não apenas para você, mas para todos aqueles à sua volta.

Na primeira vez em que levei meu filho Davi à Disney, na hora de voltar para o hotel, ele disse:

— Pai, compra a Disney pra mim? Porque eu quero muito voltar aqui e trazer todos os meus amigos.

Eu poderia ter respondido: "Não dá, a Disney é muito cara", coisa e tal. Mas as crianças não entendem de finanças. Não estão familiarizadas com as questões do mundo dos adultos. Então, falei:

— Filho, já é tarde e precisamos dormir. Mas vamos fazer o seguinte: amanhã, quando acordarmos, você me lembra e eu telefono para o dono da Disney, para saber se ela está à venda. Se estiver, deixa comigo que eu a compro pra você.

Dito e feito. No dia seguinte bem cedo, Davi me acordou, cobrando:

— Pai, liga pro dono da Disney?

Eu me levantei, peguei o telefone, disquei vários números ao acaso e falei:

— Olá, sou Vitor Belfort, pai do Davi Belfort. O senhor pode me dizer se a Disney está à venda, porque eu quero comprar?

Mais alguns minutos de conversa e desliguei.

— Davi, infelizmente a Disney não está à venda. Mas a boa notícia é que ela está sempre aberta para nós, e podemos ir lá quando quisermos.

Ele ficou radiante.

— Jura, papai? Podemos ir sempre?

— Juro.

O desejo do Davi, naquele momento, era ter a Disney inteira para si. Mas o sonho era poder ter acesso livre e ainda compartilhar com seus amigos. Com muito carinho e delicadeza, dei um jeito de driblar o desejo e estimular o sonho. Porque é isso que o meu papel de pai exige.

Existe uma diferença entre desejo e sonho. Desejo é uma coisa que dá e passa. Quando muito, é uma vontade condicionada a querer alcançar certas coisas. Uma vez que são alcançadas, o desejo desaparece e surge outro em seu lugar. Sonho é algo para toda a vida. Ele dá inspiração, motivação para seguir em frente. Ele rende frutos não apenas para você, mas para todos aqueles à sua volta.

Proteção e autoproteção

O relacionamento com a minha irmã mais velha, Priscila, era muito bom. Ela era uma menina morena, alta, bonita. Fazia amizades com facilidade e a nossa casa vivia cheia de garotas. Eu adorava quando as amigas da Priscila vinham nos visitar. Ficava ao redor delas me metendo nas brincadeiras, querendo ser incluído. Na maioria das vezes, me mandavam embora. Mas, de vez em quando, para minha alegria, elas resolviam brincar de pediatra e eu era o paciente a ser atendido. Quando isso acontecia, eu me sentia o máximo.

Eu e Priscila também brincávamos juntos quando estávamos só nós dois em casa. Frequentemente eu a importunava com provocações — na verdade, queria atenção. Ela nunca perdia a paciência comigo.

Lembro-me da primeira vez em que fomos a Disney. Minha mãe comprou um pacote turístico em uma agência, e viajamos em grupo. Ela já estava separada, mas ainda era jovem e bonita. Havia casado aos 17 anos, e meu pai era quase vinte anos mais velho que ela.

Ao longo da viagem, Priscila e eu percebemos que dois homens estavam claramente interessados em nossa mãe e disputavam sua atenção. Nós achamos os caras feios e criamos apelidos para eles. Um dos apelidos era "Tampa", porque um deles era baixinho. Tampa, ao mesmo tempo, é o nome de uma cidade da Flórida próxima à Disney, onde há um parque temático só de montanhas-russas. Assim, falávamos em Tampa na frente de todos e caíamos na risada porque, na verdade, estávamos fazendo troça com o baixinho. Essa viagem foi muito legal.

À medida que crescíamos, fui desenvolvendo um sentimento forte de proteção em relação a minha irmã. Quando já era campeão de judô, karatê e lutava jiu-jitsu, sempre que ela começava a circular com algum rapaz eu dava um jeito de me aproximar e bater um papo com ele. Queria saber quais eram as suas intenções. Um dia, ela veio reclamar comigo que não conseguia arranjar namorado porque eu metia medo nos garotos. Respondi: "Se os caras se afastam é porque não querem compromisso. E você é mulher para ter compromisso."

Quando Priscila tinha dezessete anos, pediu e insistiu muito com meus pais para fazer intercâmbio no exterior. Minha mãe era contra, mas acabou concordando. Ela foi estudar em uma cidade no norte dos Estados Unidos, um lugar cheio de neve e muito frio. Uma vez longe de casa, da família e dos amigos, ela entrou em depressão. Meu pai teve de viajar para buscá-la e trazê-la de volta ao Brasil. Chegando aqui, minha irmã foi submetida a uma bateria de exames e a uma avaliação psicológica, e surgiu o diagnóstico de bipolaridade.

Transtorno afetivo bipolar, para ser mais exato, é o nome dado a um tipo de comportamento em que a pessoa alterna estados de bom humor, alegria e agitação com outros de cansaço e depressão. Na verdade, nunca vi minha irmã eufórica ou agitada demais. Algo flagrante em sua personalidade era, sim, a preocupação com os outros. Se Priscila estivesse em um oásis com mais alguém e houvesse apenas um copo d'água, ela daria ao outro e morreria de sede. Talvez isso tenha a ver com a divisão interna que sofreu com a separação dos nossos pais. Enquanto eu externava o desconforto por meio de atividades físicas, ela o guardou para si, e isso pode ter criado problemas para ela.

Quando alguém quer agradar todo mundo, fica dividido. A escolha entre atender um ou outro deve se basear no grau de amor e compromisso que temos com as pessoas e, principalmente, em nossos valores e princípios. A partir daí, sabemos qual direção tomar em cada situação e também temos argumentos para dizer "não" àquilo que não nos convém.

O impulso de agradar todo mundo tem desdobramentos, e um deles é dar ouvidos ao que os outros falam a respeito de si. Priscila também tinha essa característica e era capaz de se trocar inteira antes de ir a uma festa porque uma amiga dizia que o sapato não estava combinando com o brinco. Isso é perigoso, porque, quando alguém descobre que você está preocupado com algo, tem poder para controlar a sua mente. É preciso ter confiança no próprio discernimento para não perder tempo e energia com as opiniões (muitas vezes maldosas e desnecessárias) dos outros.

A diferença entre ganhar e perder, muitas vezes, está na capacidade de discernir entre uma opinião ou um comentário construtivo, que realmente vai ser útil para sua vida, e uma palavra que só serve para enfraquecer seu espírito, tirar sua motivação ou, ao contrário, roubar o respeito e a humildade. Sim, porque às vezes o que parece um elogio se trata, na verdade, de uma forma de minar sua concentração ou tirar seu foco. Uma pessoa que conhece sua preocupação exagerada em agradar os outros pode transformar essa informação em uma arma.

A diferença entre ganhar e perder, muitas vezes, está na capacidade de discernir entre uma opinião ou um comentário construtivo, que realmente vai ser útil para sua vida, e uma palavra que só serve para enfraquecer seu espírito, tirar sua motivação ou, ao contrário, roubar o respeito e a humildade. Sim, porque às vezes o que parece um elogio se trata, na verdade, de uma forma de minar sua concentração ou tirar seu foco.

A despeito disso tudo, eu amava a minha irmã. Ainda a amo e penso nela todos os dias. Gostaria de ter podido conversar mais com ela, saber o que se passava em seu interior. A mulher é muito diferente do homem: a maneira como sente as coisas, a intensidade como o faz. Às vezes ainda digo a mim mesmo: “Se hoje eu tivesse a Priscila ao meu lado, tudo seria diferente.”

Contudo, a palavra “se” não deveria existir. Não pode e não deve ser dita.

Capítulo 2

Cartel: vitórias, derrotas, empates

O MMA é uma modalidade de esporte recente e ganhou maior força e visibilidade a partir de 1993, nos Estados Unidos, com a criação do UFC. O que nem todo mundo sabe é que os brasileiros estão na raiz da história dessa luta.

Em 1826, um escocês chamado George Gracie imigrou para o Brasil a fim de tentar melhor sorte deste lado do Atlântico. Em 1901, seu neto, Gastão Gracie, nascido no Rio de Janeiro, estabeleceu-se em Belém do Pará. Nessa cidade, tornou-se empresário e conheceu o diplomata japonês Mitsuyo Maeda, campeão de judô em sua terra natal, enviado à Belém para receber imigrantes japoneses e ajudá-los a se fixar no país. Os dois se tornaram bons amigos, e Maeda passou a ensinar a Carlos — primogênito de Gastão — e a seus irmãos Hélio, Jorge, Osvaldo e Gastão Gracie Jr. as habilidades da arte marcial na qual era mestre.

Em 1925, Carlos mudou-se para o Rio de Janeiro e abriu a primeira Academia Gracie. Seu irmão, Hélio, que era mais baixo e magro em relação aos outros, adaptou as técnicas de luta, intensificando o combate no chão e os golpes de finalização. Desse modo, tornou-se capaz de vencer oponentes muito maiores e mais pesados do que ele. Aí nasceu a modalidade de luta marcial reconhecida internacionalmente como Brazilian Jiu-Jitsu (BJJ).

Os irmãos Gracie passaram a desafiar os mais famosos e valentes lutadores da época, não importava a modalidade de luta que praticassem — podia ser boxe ou qualquer outra — em disputas dentro das academias ou ao ar livre (na praia de Copacabana, por exemplo), publicando anúncios nos jornais e convocando a mídia para assistir. A principal intenção deles era, na verdade, divulgar o jiu-jitsu brasileiro e ganhar alunos.

Um dos filhos de Hélio, Rickson Gracie, intensificou os combates nas academias e flexibilizou as regras de modo que os adversários nem sempre precisavam seguir um único estilo de arte marcial. Assim, um lutador de jiu-jitsu podia competir com outro de muay thai e cada um usava suas habilidades para vencer. Esse modo de lutar muitas vezes incluía o contato total dos corpos e envolvia golpes com os cotovelos e joelhos. Por isso, começou a ser denominado "vale-tudo".

É verdade que a família Gracie abriu caminho para o MMA. Foi importante, em certo momento, quebrar as regras rígidas das artes marciais orientais e abrir espaço para criar e ver o que poderia surgir. O outro lado da moeda, porém, é que justamente a falta de regras tornou o vale-tudo muito malvisto pelas autoridades e pela mídia. O esporte era classificado como bárbaro e ultraviolento, sendo banido dos canais de tevê e até mesmo proibido na maioria dos estados e países.

Para se ter uma ideia, a segunda vez em que lutei profissionalmente, já pelo UFC, deveria ser na cidade de Niagara Falls, no estado de Nova York, em 1997. Na última hora, as autoridades locais conseguiram aprovar uma medida judicial, e o combate foi proibido em todo o estado.

Todos os lutadores tinham viajado até Niagara Falls e estavam se concentrando para a luta quando, dois dias antes, chegou a notícia. Foi uma baita decepção para todo mundo. Nossa moral foi ao chão. Para preservar o acordo com os canais de *pay per view* que haviam se interessado em transmitir o evento, o então dono do UFC, Bob Meyrowitz, mobilizou sua equipe para, da noite para o dia, encontrar outro local nos Estados Unidos onde a competição pudesse acontecer. O lugar escolhido foi a pequena cidade de Dothan, no sudeste do Alabama — nenhum outro estado norte-americano queria receber a competição de MMA.

Como Nova York e Alabama ficam a milhares de quilômetros de distância, foi preciso alugar um avião para levar todo mundo até a capital do estado, Montgomery. A aeronave aterrissou às nove da noite e ainda foi preciso alugar vários carros e dirigir cerca de três horas e meia até Dothan.

Eu tinha dezenove anos, pesava 88 kg e ia lutar com gente de 120 kg ou 130 kg. Era a véspera do evento, e todos os lutadores estavam cansados e estressados. Para piorar, o esporte também havia sido bloqueado nos canais de *pay per view* dos estados norte-americanos, só podendo ser exibido no Alabama. Lembro que um dos lutadores, Wallid Ismail, um amazonense enorme, tentava me tranquilizar. Ele era mais velho e dizia: "Calma, essa é a hora em que vamos ter exposição, as pessoas vão começar a conhecer a gente."

Muitas dessas proibições eram efeitos do bloqueio que os órgãos de boxe tentavam fazer ao MMA. Porque já estava claro que era um esporte inovador, em ascensão. Hoje as pessoas não se interessam tanto por boxe quanto pelo UFC. Lutas de MMA acontecem todo mês, às vezes toda semana. São várias lutas em que o dinheiro não é o mais importante, pelo menos para os lutadores. Pode ser que, com o tempo, isso mude. Podem dizer que tenho uma visão romântica do esporte, mas eu vivo nesse meio e digo: é verdade. Quem está nessa está porque ama o que faz, porque gosta de combater e de vencer. O boxe perdeu essa inocência; são basicamente quatro lutas importantes por ano, e todas valendo muito dinheiro.

Em Dotham, eu teria de vencer duas lutas na noite para ser campeão. O primeiro adversário era o norte-americano Tra Telligman. Ele não tinha um dos músculos do peito. Havia sofrido uma lesão e retiraram o músculo. Um cara forte e de aspecto sinistro. Não me deixei impressionar. Parti para cima dele, disparando socos e cotoveladas, e a luta terminou com um minuto e dezessete segundos de duração. Venci.

Quem está nessa [no MMA] está porque ama o que faz, porque gosta de combater e de vencer. O boxe perdeu essa inocência; são basicamente quatro lutas importantes por ano, e todas valendo muito dinheiro.

Essa luta foi interessante porque, pela primeira vez, alguém teve uma atitude esportiva. Foi assim: eu nocauteei o cara, bati na cara dele, o acertei com o cotovelo e percebi que estava desacordado. Então, parei e avisei ao juiz. Nessa mesma noite, Telligman me procurou e me agradeceu. Esse foi um dos primeiros passos para que o UFC se conscientizasse da necessidade de criar regras e limites para o MMA.

O cordeiro e o leão

Minha segunda luta da noite seria contra Scott Ferrozzo — um *cavalão* mais velho que, além de *street fighter,* era vendedor de carros. O narrador dessa luta era o grande nome do UFC na época, Tank Abbott. Ele olhou para mim e não acreditou que eu seria capaz de combater o

Ferrozzo. Repetia ao microfone: "Como um cordeirinho pode ganhar de um leão?"

Parti para cima do meu oponente e o nocauteei com socos aos 43 segundos de luta. Enquanto o juiz levantava o meu braço, me dando a vitória, Ferrozzo se levantou e partiu para cima de nós. Mas o público invadiu a arena — principalmente a equipe do meu treinador na época, Carlson Gracie — e todos gritavam: "Jiu-jitsu! Jiu-jitsu!" A luta estava terminada, e eu era o vencedor do UFC 12 Heavyweight Tournament. Mais tarde, Scott Ferrozzo se aproximou de mim e me cumprimentou: "Vou me aposentar. Vou voltar a vender carros."

Aos dezenove anos, me tornei o mais jovem lutador da história a vencer no UFC. Ganhei uma medalha de ouro enorme — na época, ainda não havia cinturão —, que depois foi roubada na minha mudança de Los Angeles para San Diego, na Califórnia. Ganhei também o apelido "*The Phenom*" ("O Fenômeno").

Foi um período muito bom. Havia iniciado de maneira brilhante a construção do meu cartel no UFC. Tinha um sentimento de dever cumprido: "A primeira etapa já foi." Era como se eu tivesse chegado ao alto de uma montanha, tomado fôlego e olhado em volta. "Qual direção devo tomar agora?"

O termo "cartel" significa o portfólio de um lutador. Quantas lutas se tem, quantas derrotas, quantos empates. Antes de chegar ao MMA, fui pentacampeão sul-americano de karatê, hexacampeão brasileiro de judô, octacampeão sul-americano de BJJ e outros tantos títulos que, se eu fosse citar um por um, tornaria chato este livro. O MMA desde sempre me encantou porque me permite reunir tudo o que aprendi em todas essas modalidades, inclusive o boxe, que também disputei e venci por nocaute no primeiro minuto, em minha única luta profissional até hoje, em 2006.

Tive derrotas também. A pior delas talvez tenha sido a primeira, no UFC 15, quando enfrentei Randy Couture após ter vencido por nocaute justamente o grande Tank Abbott, aos 53 segundos de luta, no evento anterior.

Eu era o franco favorito na disputa contra Couture, mas estava doente — essa é a triste realidade. Eu tinha vermes e não sabia. Vinha sofrendo com dores de barriga constantes, mas não desconfiava do que poderia ser. Eu tampouco contava com plano de saúde na época. Enquanto a plateia gritava meu nome lá fora, eu estava dentro do *trailer* com a porta fechada, e já tinha ido ao banheiro umas 20 vezes naquele mesmo dia.

A luta durou oito minutos e dezesseis segundos. Randy Couture foi o vencedor por intervenção dos juízes. Durante muitos anos, ocultei a história da minha doença para não tirar qualquer mérito de Randy. Pelo contrário, dei entrevistas declarando que ele havia se preparado bem e merecia vencer. É a pura verdade. Se eu não tivesse subestimado o meu oponente, se não estivesse confiante além da conta, teria cuidado melhor de mim e não lutaria daquele jeito.

O meu cartel hoje tem mais vitórias do que derrotas. Eu me orgulho tanto de uma quanto de outra, vitória e derrota. Faço isso porque tenho a consciência limpa de que, em cada luta em que entrei, estava dando o máximo de mim. É claro que esse máximo, algumas vezes, estava comprometido por questões externas.

O meu cartel hoje tem mais vitórias que derrotas. Eu me orgulho tanto de uma quanto de outra, vitória e derrota. Porque tenho a consciência limpa de que, em cada luta em que entrei, estava dando o máximo de mim.

Perder peso, por exemplo, é algo que mexe com o corpo e a mente de um lutador. Frequentemente, é necessário se submeter a isso para se encaixar em determinada categoria de peso. Já aconteceu comigo também. Para complicar, geralmente essa solicitação surge poucos meses ou semanas antes da luta. Assim, o atleta precisa treinar duro ao mesmo tempo em que é privado de comer certos alimentos de sua dieta habitual. Isso tira um pouco da energia e, principalmente, causa alguma irritação. Quem gosta de ser privado de algo com que está acostumado?

Nessas horas, é preciso ter paciência. Diz um ditado que "a recompensa da paciência é a paciência". Isso significa *saber esperar*. Você pode imaginar o quanto um menino como eu, que sofria de hiperatividade, teve de *ralar* para aprender a ter paciência? Mas ela é necessária para tudo, nos ajuda em tudo.

Quando criança, eu tinha um livro de histórias indígenas em que os animais eram protagonistas e falavam. A onça era retratada como bela e forte, mas também teimosa e burra. O macaco era o esperto, a tirar vantagem de tudo. E o sábio, aquele que sempre levava a melhor, era o jabuti. Este, apesar da pouca agilidade, conseguia vencer os outros dois com base na inteligência e, principalmente, na paciência.

Em uma das histórias, a anta pisa no jabuti e o faz atolar no barro à beira do rio. Ele fica ali "até a estação da chuva chegar" — imagine quantas semanas ou meses durou isso? Ele espera a chuva molhar o barro, transformá-lo em lama, até poder sair e pôr em prática um plano contra a anta. Esta, que já havia dado o jabuti como morto e enterrado, se dá mal.

A paciência não deixa de ser uma forma de meditação e até de oração. As coisas não vão se apressar só porque a gente quer. A expectativa demasiada é nossa inimiga e causa sofrimento. Como aprender essas lições? Creio que a frustração faz parte desse aprendizado. É duro e desagradável se frustar, mas não tem saída. Por isso, é importante os pais educarem os filhos desde cedo, dizendo "não" ao que não tem cabimento, ao que não faz sentido.

Até porque a vida não diz "sim" para nós o tempo todo. Se você parasse agora e olhasse para trás, é bem provável que se surpreendesse com o *seu* cartel... Imagine quantas lutas pessoais você poderia incluir na coluna de vitórias, quantas outras teriam de ser contabilizadas como derrotas — e não há vergonha nenhuma nisso, pois todo mundo passa pelas mesmas situações. Na vida, não existe cartel invicto.

E não se engane: a gente passa por muitos *empates* também. São aquelas situações nas quais parece que *patinamos*, não saímos do lugar. Por mais que nos esforcemos, não vemos progresso. É difícil até de tirar algum aprendizado para a vida. Não dá para computar exatamente como derrota, mas também está longe de ser vitória. E não adianta, aquilo também vai fazer parte do seu cartel.

A vida não diz "sim" para nós o tempo todo [...] Imagine quantas lutas pessoais você poderia incluir na coluna de vitórias, quantas outras teriam de ser contabilizadas como derrotas — e não há vergonha nenhuma nisso, pois todo mundo passa pelas mesmas situações. Na vida, não existe cartel invicto.

Lição de paciência

Quando ganhei um aparelho celular de uma empresa de telefonia candidata a me patrocinar, meu filho Davi olhou e pediu:

— Dá pra mim?

— Não — respondi. — Quem ganhou fui eu. Mas você pode usar.

No entanto, há pais que agem diferente. Outro dia, ouvi uma história sobre uma criança brasileira que morou nos Estados Unidos, onde é comercializada uma bala granulada que, quando em contato com a saliva, explode na boca. Esse menino voltou ao Brasil e fez altas birras porque não tinha mais a bala. Esperneava e gritava. Sem saber como lidar com isso, os pais acionaram seus contatos para encontrar uma aeromoça da Air Canadá a fim de que ela trouxesse, como encomenda, as balas para o menino.

Isso me parece um exagero. Eu faria essa criança entender que as tais balas não existem no Brasil, que há outros tipos e, por fim, que não é saudável comer tantas balas porque estragam os dentes. Seria uma forma de ensinar a ter paciência. Um dia, quando for mais velha, poderá a própria criança comprar as tais balas. Mas terá de esperar. A vida não diz "sim" o tempo todo, como já mencionei.

A derrota não deixa de ser uma forma de aprendizado da paciência. Na noite da minha luta com Couture, não percebi a gravidade do meu problema de saúde, nem pensei em cancelar. Primeiro, para não dar a impressão de que estava desistindo. Segundo, porque eu estava vivendo um ótimo momento e queria mais aquela vitória no meu cartel. Foi o famoso "passo maior que as pernas". Tive de esperar alguns anos até a oportunidade de lutarmos outra vez. Mas, quando chegou, venci e ainda ganhei o cinturão dos meio-pesados do UFC.

Vitórias e derrotas são efêmeras. Tudo passa. É importante ter isso em mente para não pôr muita expectativa nos resultados e se desarticular quando as coisas não acontecerem do jeito que a gente queria. É claro que, quando entro no octógono, vou com tudo, quero tirar dez. Mas como tenho meus valores e princípios — para mim, a família vem em primeiro lugar, é o meu maior tesouro, o meu maior prêmio —, se eu perder, vou esperar com paciência outra chance de ganhar.

**Vitórias e derrotas são efêmeras. Tudo passa.
É importante ter isso em mente para não
pôr muita expectativa nos resultados e se desarticular
quando as coisas não acontecerem do jeito que a gente queria.**

Problemas na área emocional constituem outro fator que interfere no desempenho de qualquer profissional, principalmente de um atleta. Por isso, é preciso treinar a mente tanto quanto o corpo. Esse treino envolve ter firmeza em suas convicções para não estar à mercê do que os outros falam. Também inclui se proteger da influência negativa dos outros.

Quando conheci a Joana, expliquei a ela: "Não estranhe, não, mas na véspera da luta, eu fico diferente: não sou tão carinhoso, não falo muito." É verdade. Isso nada tem a ver com medo ou tensão. É simplesmente parte do treino da minha mente para o momento do confronto. É como se eu entrasse no clima, concentrasse energia e atenção para, quando entrar no octógono, estar inteiro e 100% presente.

A maioria dos atletas tem uma vida solitária. Uns olham para os outros e pensam: "O que esse cara faz para ser o tal?" Não apenas os atletas, mas as pessoas de sucesso também são assim. O depoimento de Xuxa sobre o abuso sexual que sofreu na infância surpreendeu a todos. Porque, na vida pública, ela é uma mulher linda, rica, aparentemente feliz. Mas, na vida privada, ficamos sabendo que existe uma ferida aberta, uma dor que comprometeu sua vida.

Eu não tenho segredos com pessoas próximas, que edificam minha vida. Elas conhecem tanto minha parte boa quanto a ruim. E neste livro estou falando algumas delas porque sei que somos todos iguais. Não existe ninguém sem problemas, e ninguém é completamente feliz. Mas é possível ir atrás da felicidade, batalhar por isso. Sou a prova, pois fui atrás e consegui. E não a deixo escapar.

Por isso, por mais importante que seja qualquer luta, a prioridade é a minha família. O esporte vem em terceiro lugar. Em primeiro vem Deus. Isso me ajuda a ter tranquilidade e concentração. Porque no início da carreira tive treinadores que colocavam um peso imenso em cada disputa: "Essa é a luta da sua vida, essa você tem de vencer." Cada luta era questão de vida ou morte. Isso é ruim para o atleta, pois gera tensão.

Um dos meus treinadores, Luiz Carlos Dória, tem uma forma mais sábia de orientar a postura na pré-luta. Ele diz: "Campeão, faça como se fosse o seu dia a dia. Se você come batata frita, coma batata frita." É isso que procuro fazer, não apenas antes de uma disputa importante, mas em todos os dias da minha vida. Eu saio de casa para treinar como um empresário que vai ao escritório trabalhar, ou um dentista que vai ao consultório atender. Tudo o que a gente faz tem um peso, tem um valor. Mas se a gente faz com amor, com naturalidade, com alegria, sai direito.

Ganhar ou perder envolve uma variedade de fatores. A minha rotina — as crianças, o barulho, o movimento da casa — compõe a minha estrutura emocional. Eu preciso disso para ficar bem. É o meu hábitat e o meu alimento. A presença da Joana também é muito importante. Se estivéssemos separados, a minha casa não seria tão bonita, arrumada e bem organizada como é.

Falam que atrás de um grande homem existe sempre uma grande mulher, mas prefiro dizer que a minha mulher está ao meu lado e à frente. Além de mãe e esposa, Joana trabalha no gerenciamento da minha carreira e dos nossos negócios. Nas minhas lutas mais recentes, ela cuidou de tudo: aluguel da academia para treinar, negociação de preço, folha de pagamento dos treinadores. Até dar palpite nos treinos ela deu. A grande vitória na vida de um homem é encontrar sua metade, pois a sua plenitude vem quando isso acontece. Dou graças a Deus por ter encontrado Joana e ter o privilégio de viver a cada dia com ela. Sem ela, me sinto pela metade.

Tudo o que a gente faz tem um peso, tem um valor. Mas se a gente faz com amor, com naturalidade, com alegria, sai direito.

Apesar dos quase dez anos de casados, Joana diz que até hoje fica mal pelo menos um mês antes de eu entrar no octógono. Entendo, pois ela não quer me ver ferido. Porém, recentemente me confidenciou que, depois que eu entro no ringue, ela relaxa e até curte.

Joana também ajuda em outra vertente do meu trabalho atual, que é ser agente de atletas. Funciona assim: eu vou ao Brasil, assisto às lutas, identifico aqueles que têm bom potencial e os trago comigo para Las Vegas, custeando viagem, hospedagem, alimentação, treinos em boas academias e tudo o mais. É um investimento. Quando eles entrarem para o UFC e começarem a vencer, eu ganharei uma pequena parte de seus prêmios. Qualquer agenciamento é assim, seja de atores, cantores, escritores ou atletas. Mais do que simplesmente orientar os treinos, eu coordeno de maneira global a carreira desses rapazes. Isso inclui conversas e orientação.

Atitude de leão

Costumo dizer a eles que todo lutador (e isso vale para a luta da vida também) tem de se preparar para ser um leão. O leão é o rei dos animais. Ele é protetor, vive em grupo com sua família. Nem todo felino é assim. O tigre é solitário, não anda em turma. O meu símbolo é o leão. Tenho um tatuado na lateral esquerda do quadril.

Porém, existem uns leõezinhos novos, afoitos, que vão para o campo de batalha e morrem. Quem assistiu a *O rei leão*, filme da Disney, sabe que o leãozinho pensa que é o tal. O pai o leva ao topo de uma colina, mostra todo o reino e diz: "Tudo isso é seu. Mas você não deve ir além daquele limite." Na primeira oportunidade, o leãozinho ultrapassa o limite e se aventura no cemitério dos elefantes, a terra das hienas. A hiena, aliás, é o pior dos animais. Forma bandos para atacar a presa e depois uma mata a outra para devorar a caça sozinha.

Gosto de utilizar metáforas envolvendo animais para tirar lições para a vida. A águia, por exemplo. Na primeira troca de penas, ela bica o próprio corpo inteirinho, se fere toda, a fim de retirar a penugem que não serve para voar. Depois ela bate com o bico na pedra até fazê-lo cair. Por fim, ressurge como águia. Ocorre uma mudança, uma transformação.

Quando está com fome, a águia voa bem alto, até onde possa ter uma visão completa da paisagem. Ela identifica onde está a comida, vai lá, apanha e leva para um lugar seguro para comer em paz.

Outro dia, um dos rapazes me disse:

— Um camarada me chamou para fazer três lutas em uma mesma noite. Ele disse que isso vai ajudar a me lançar, vai melhorar o meu cartel. O que você acha?

— Isso é visão de pomba — respondi. — A pomba cisca aqui e ali, mas nunca tem alimento suficiente, está sempre buscando mais. Você tem de usar a visão da águia, olhar a situação de cima: será que é uma boa oportunidade mesmo? Porque, para cada derrota, vai precisar de três vitórias.

Tento fazê-los compreender que, quando surge um problema, não adianta ser imediatista, querer resolver rápido. Não existe atalho na jornada para o sucesso. Todos os caminhos que levam ao que o coração do homem almeja são longos. Não existe caminho curto. Muitos dos problemas do mundo atualmente se devem ao fato de as pessoas estarem sempre em busca do caminho mais curto para o que julgam que lhes trará felicidade. O que é a corrupção senão a procura do caminho mais curto para enriquecer?

Quando surge um problema, não adianta ser imediatista, querer resolver rápido. Não existe atalho na jornada para o sucesso. Todos os caminhos que levam ao que o coração do homem almeja são longos. Não existe caminho curto.

Ao longo das investigações após o desaparecimento da minha irmã, fiquei bem próximo de um policial que era amigo do meu pai e me viu crescer. Ele trabalhava na Delegacia Antissequestro (DAS) e foi ajudar no caso da Priscila. Ele era muito sábio e tinha um enorme carinho pela minha família.

Nesse período, acompanhei de perto a rotina dos policiais. Todos os dias eu tinha de telefonar para a DAS ou ir até lá para me inteirar do andamento do caso. Minha mãe pedia para eu fazer isso porque não tinha condições de fazê-lo. Por causa dessa convivência, passei a tomar conhecimento de crimes horríveis. Um dia cheguei para o policial amigo do meu pai e perguntei:

— Quero saber a sua opinião: qual é a saída para o nosso estado? Qual é a saída para o nosso país?

Ele respondeu:

— Vitor, sempre existe solução. Mas as pessoas têm de estar dispostas a mudar. É um longo caminho...

Essa fala me fez refletir muito. Concluí que falta ao brasileiro patriotismo no sentido de se sacrificar: "Não vou roubar mais. Vou ganhar menos dinheiro, mas vou trabalhar de forma honesta e, assim, contribuir para melhorar o meu país."

Quando queremos mudar qualquer coisa, temos de começar mudando a nós mesmos. Mas é preciso ter a consciência de que, alguns problemas, nós os teremos para sempre. Não nos livramos deles. Precisamos ter paciência e aprender a lidar com eles.

Em certa época, sempre que o MMA estava se erguendo, começando a aparecer, acontecia algum incidente envolvendo lutadores de jiu-jitsu em boates. Aquilo saía em todos os jornais, e nossos esforços iam por água abaixo. Eu ficava chateado porque queria que o esporte melhorasse e se tornasse mais bem-visto aos olhos do público. Então, comecei a refletir: "O que posso fazer? O que está ao meu alcance para que as coisas melhorem?"

Visualizei que o primeiro passo era ter bom comportamento e treinar duro para ser um atleta excelente. Hoje eu me orgulho da minha trajetória e sei que a beleza da vida é o caminho que percorremos. Até porque, lá no fim, a gente morre. Ninguém gosta de pensar nisso, mas a única garantia que temos na vida é a morte.

Quando queremos mudar qualquer coisa, temos de começar mudando a nós mesmos. Mas é preciso ter a consciência de que, alguns problemas, nós os teremos para sempre. Não nos livramos deles. Precisamos ter paciência e aprender a lidar com eles.

Hoje, mais de quinze anos após a minha primeira luta, o MMA é o esporte que mais cresce no mundo. É o segundo mais popular no Brasil, tendo à sua frente apenas o futebol. São mais de trezentos atletas somente no UFC, todos com plano de saúde. Cerca de trinta eventos acontecem por ano, sendo exibidos via canais de *payperview* para 150 países em 22 idiomas. As lutas são permitidas em 45 dos 50 estados norte-americanos, e o MMA é reconhecido pelos mais importantes órgãos reguladores de esportes dos Estados Unidos.

E pensar que os irmãos Fertitta — Frank e Lorenzo, donos da rede de cassinos Station Casinos, em Las Vegas —, associados a Dana White (atual CEO do UFC), compraram a empresa em 2001 por dois milhões de dólares e amargaram um prejuízo de quase trinta milhões de dólares nos anos seguintes, até a coisa engrenar. Atualmente, o valor de mercado do UFC é estimado em um bilhão de dólares. O que aconteceria se estivessem preocupados em chegar rapidamente ao resultado atual? É simples: teriam desistido.

Tento fazer com que os rapazes que agencio sigam os valores da minha cartilha, que é composta de cinco letras "D", um "A" e um "H". Explico melhor:

As cinco letras "D"

Determinação
Tem a ver com persistência, porque nada é fácil. Caiu? Levante, sacuda a poeira dos joelhos e siga em frente. Caiu novamente? Não importa. Não pode é desistir.

Dedicação
Tem a ver com doação. É preciso doar-se ao que se propõe a fazer e realizar aquilo com amor, nos mínimos detalhes.

Disciplina
Tem a ver com organização interna e externa. Quem não tem ou não foi educado para isso precisa aprender. Significa ser capaz de dividir seu tempo e sua energia a fim de cumprir as tarefas necessárias para atingir seu objetivo.

Direção
Tem a ver com foco. A pessoa elege um objetivo e se mantém firme nele, sem desvios ou atalhos, mas com paciência, porque pode levar tempo até alcançá-lo.

Desejo
É o que nos move. Temos de manter a chama acesa mesmo sem a certeza de que seremos atendidos.

O "H"

Habilidade

Está ligada ao nosso talento. É a maneira como fazemos as coisas. Amor e dedicação ajudam a refinar as habilidades. Quanto mais amor e dedicação, melhor o resultado.

O "A"

Atitude

É como conseguimos colocar tudo isso em prática. É a nossa maneira de encarar a vida e de estar no mundo. Temos de nos sentir confortáveis e estar em harmonia com as coisas ao nosso redor. Não significa ser monge, mas estar em equilíbrio. Com isso, podemos até reagir com agressividade, desde que faça parte do contexto.

Qual é o seu talento?

Aqui, vou me estender um pouco mais. Todo ser humano nasce com um talento. Uns nascem para pintar; outros, para cantar; outros, para ajudar mais pessoas. O talento do atleta de MMA é a luta. Somos os artistas do octógono. Nossa obra-prima é o nocaute. A questão é: como usar da melhor forma o seu talento? Porque o grande traficante de drogas, o cara que chegou lá no topo do crime, é claro que também tem talento, só que o usa para o mal.

A Bíblia Sagrada narra a parábola dos três talentos. Conta essa parábola que o Senhor, antes de partir em longa viagem, procurou seus três servos e confiou a eles sua riqueza. Ao primeiro servo, entregou cinco talentos; ao segundo, dois; ao terceiro, um talento, de acordo com a capacidade de cada um deles.

Assim que o Senhor se afastou, o primeiro servo negociou com os cinco talentos que havia recebido e conseguiu mais cinco. O segundo servo também foi em busca da multiplicação dos seus dois talentos e conseguiu mais dois. O terceiro, temeroso de gastar o único talento que havia recebido, o enterrou bem fundo na terra.

O tempo passou, e o Senhor retornou ao lar. Satisfeito com os dois servos que haviam duplicados seus talentos, parabenizou-os e acolheu-os junto a si. Quanto ao terceiro, não apenas retirou o talento que lhe dera como tudo o mais que possuía, e ainda o expulsou. Essa parábola serve para mostrar como é valioso o talento que recebemos ao nascer e o quanto devemos honrá-lo. Como? Colocando-o em favor dos outros.

Procuro fazer o melhor que posso com o dom da luta que me foi dado por Deus. Eu me esforço desde muito cedo para aprimorá-lo. Cuido do meu corpo e da minha mente, dou o melhor de mim tanto nos treinos quanto na hora do confronto. Procuro honrar o meu adversário e o público que está assistindo.

Nasci com o dom de ser atleta, mas creio que meu maior talento é ser visionário. Lembro-me do exato momento em que, aos 12 anos, disse ao meu pai que uma mistura de artes marciais iria ser sucesso em todo o mundo algum dia. Ele, que sempre me incentivou, disse:

— Tudo bem, filho, mas não aposte todas as suas fichas na luta. Esse esporte não é valorizado. Veja os rapazes que são *top de linha* hoje. A maioria é obrigada a morar com os pais por falta de dinheiro.

Mirei o rosto do meu pai e respondi:

— Um dia, será valorizado. E eu serei um dos primeiros atletas a fazer história, você vai ver.

Capítulo 3

Brawler, bruiser, contender, journeyman

Minha primeira luta importante — aquela que abriu as portas para mim no UFC — aconteceu em Honolulu, Havaí, em 1996. Nessa época, eu morava na Califórnia com o meu treinador, Carlson Gracie. O dono da academia onde eu fazia musculação observava o meu jeito de treinar, sabia das minhas intenções e da minha vontade de crescer. Ele deu a dica: "Vai ter uma luta no Havaí. O dono do UFC vai estar lá buscando talentos." Eu e o Carlson vivíamos com dificuldade, mas contamos nossas moedas e compramos as passagens para Honolulu.

Quando estava no vestiário me preparando para entrar no ringue, fiquei sabendo que o meu adversário, Jon Hess (um cara de 1,90 m e 160 kg) havia exigido que a luta fosse vale-tudo. Se não valesse tudo — dedo no olho e outros golpes baixos —, não haveria disputa.

Pus as mãos em concha sobre o meu órgão sexual e falei ao treinador: "Carlson, eu quero ter filhos. Quero ser pai de família. Como vai ser?" Ele foi espetacular. Chamou o camarada que havia trazido a notícia e respondeu: "Fala para o Hess que ele pode entrar com faca, espada, granada, bazuca, porque ele vai perder!" Aquilo me passou uma confiança enorme.

A luta com Hess não durou um minuto. Aos 45 segundos, eu o derrubei, pus o joelho em sua barriga, desferi vários socos e ele desmaiou. Vitória por nocaute. O detalhe bacana é que o time de basquete dos Los Angeles Lakers estava inteiro em Honolulu naquela noite. Eles foram assistir à disputa, e as duas maiores estrelas do time, as lendas Shaquile O'Neal e Magic Johnson, apostaram em nós. Shaquile botou fé em mim e Johnson, no Hess. O prêmio: um relógio da marca Rolex. Quando venci, Shaquile foi o primeiro a subir no ringue para me cumprimentar.

Aos dezoito anos (minha idade quando aconteceu essa primeira luta), eu não tinha muita estratégia e me movia com base no instinto. Até hoje eu sou assim: planejo, mas deixo abertura para a vida seguir seu curso. Faço isso porque não sou quem manda no mundo, é Deus. Ele é quem sabe o passado, o presente e o futuro; conhece a história completa.

Aos dezoito anos, eu não tinha muita estratégia e me movia com base no instinto. Até hoje eu sou assim: planejo, mas deixo abertura para a vida seguir seu curso.

Eu sempre vou me esforçar e dar o melhor de mim para alcançar meus objetivos, mas tenho consciência de que alguns deles não serão alcançados. Se fosse atendido em tudo, eu me transformaria em um sujeito prepotente e birrento.

Deus é um pai amoroso que cuida muito bem dos seus filhos. Ele nos educa da melhor maneira e devemos confiar nisso. Se algo não chega às nossas mãos, é porque não nos era devido. É difícil para o ser humano entender e aceitar isso. A consolação é acreditar que Deus tem outros planos para nós, melhores que os nossos. Porque ele sempre quer o nosso bem.

No entanto, quem nunca recebeu um presente inesperado da vida? Tem um provérbio que diz: "Ontem é história, amanhã é mistério; hoje é uma dádiva, por isso, se chama *presente*." Gosto dessa frase e procuro vivê-la. Porque, se a pessoa tem o coração e a mente abertos, percebe que, todos os dias, lhe acontecem coisas boas. São pequenas alegrias: um filho que chega com um desenho e um beijo, um amigo que telefona com uma novidade, até mesmo uma comida gostosa ou um sorriso bonito.

Um amigo me contou que todas as noites costumava orar com os filhos de oito e dez anos antes de dormir. Um dia, se deu conta de que a oração havia se transformado em uma série de pedidos: notas boas na escola, o skate prometido, um final de semana de sol para poder ir à praia... Da mesma forma que é necessário corrigir hábitos e comportamentos, às vezes, também é preciso corrigir a maneira de falar com Deus.

Meu amigo passou a dirigir a oração com os meninos, tratando de agradecer por tudo o que havia acontecido naquele dia que terminava. Coisas simples como: "Obrigado pelo café que tomamos juntos hoje de manhã, estava delicioso. Obrigado pela carona da vovó até a escola, foi uma oportunidade de estar com ela. Obrigado por estarmos vivos e com saúde, por sair e voltar para casa sãos e salvos." E por aí vai. Algumas semanas depois, o menino mais novo disse: "Papai, sabe que a minha vida melhorou depois que passamos a agradecer nas nossas orações?"

Respeitar o andamento da vida traz vários benefícios. Um dos principais é se preocupar menos com os problemas porque entendemos que a solução não está inteiramente em nossas mãos. Uma parte é nosso dever resolver: aquilo que está ao nosso alcance, pelo qual somos responsáveis. A outra — a maior parte, eu diria — está nas mãos de Deus. Sei que essa questão é pessoal, e respeito o direito de quem não pensa da mesma forma. Também espero que as pessoas me respeitem por dar tanto valor à fé.

Um amigo meu vai mais longe, dizendo: "Ninguém resolve problemas, eles se resolvem sozinhos." É uma afirmação radical, mas indica que devemos confiar na vida, porque tudo vai se ajeitar. Tem também a famosa frase atribuída ao escritor Fernando Sabino: "No fim, dá certo. Se ainda não deu certo, é porque não chegou ao fim." São variações sobre o mesmo tema.

O MUNDO SOBRE AS COSTAS

Outro benefício de quem lida com as dificuldades dessa maneira é sentir-se menos culpado. A imagem da pessoa culpada, para mim, é semelhante à do personagem Atlas, da mitologia grega, condenado por Zeus a carregar o mundo nas costas. É um homem curvado e sobrecarregado por ter de transportar o globo. O culpado tende a tomar para si a responsabilidade total por algo ruim que tenha feito ou causado. Não consegue entender que todo fato é a convergência de uma série de circunstâncias, cuja maior parte foge completamente de sua alçada. Nada acontece por um só motivo. Encarar a vida dessa forma diminui bastante a nossa carga.

O culpado tende a tomar para si a responsabilidade total por algo ruim que tenha feito ou causado. Não consegue entender que todo fato é a convergência de uma série de circunstâncias, cuja maior parte foge completamente de

sua alçada. Nada acontece por um só motivo. Encarar a vida dessa forma diminui bastante a nossa carga.

Conheci a minha mulher, Joana Prado, quando ela estava no auge do sucesso como a Feiticeira do programa *H*, do Luciano Huck. Ela gravava o programa de segunda a quinta, e às sextas, sábados e domingos, fazia shows em todo o Brasil. Nossa história de amor é cheia de idas e vindas. Na primeira vez em que nos encontramos, eu estava em uma cidade no interior de São Paulo com a função de dar uma breve palestra em uma casa noturna onde, em seguida, haveria um show da Feiticeira, personagem que ela encarnava. Eu falaria sobre a importância do esporte, de cuidar da saúde, não usar drogas, ter fé etc. É claro que a plateia estava muito mais interessada na Joana do que no meu testemunho.

Antes do show, ainda no hotel, telefonei para o quarto dela e pedi permissão para ir cumprimentá-la. Ela me recebeu muito simpática e entreguei a ela uma camisa minha, de competição, perfumada e autografada. Trocamos telefones e, na hora de ir embora, ainda roubei um beijo dela.

Uma semana depois fui parar em São Paulo, terra da Joana, e liguei para ela. Saímos para jantar, conversamos a noite inteira. E só. Mais alguns meses, nos encontramos no Rio de Janeiro. Ficamos juntos e foi ótimo, mas a vida novamente nos separou. Até que, em 1999, ela estava em Los Angeles a trabalho e nos encontramos por acaso no aeroporto. Ela havia terminado o trabalho e estava tentando trocar a passagem de volta para ficar mais tempo na cidade. Eu estava vindo de uma luta no Japão e havia parado em Los Angeles, pois tinha negócios lá. Dessa vez, o namoro engatou.

Antes de conhecer a Joana, eu vinha orando muito a Deus, pedindo uma boa mulher. Na Bíblia é contada a parábola da mulher virtuosa, em Provérbios. Diz o livro sagrado que o valor da mulher virtuosa excede muito o de joias preciosas. Ela é aquela que cuida da casa, prepara o alimento, protege os filhos e ainda tece para prover a família. À noite, a luz da sua lamparina está sempre acesa e, de dia, ela acolhe com bondade os pobres.

Eu queria uma mulher virtuosa para mim, para ser a minha companheira e a mãe dos meus filhos. Por isso, naquele dia, no aeroporto, nosso encontro teve um significado especial. Não comentei com ninguém, porque as pessoas diriam que eu estava louco ao pensar que uma mulher que passava a imagem de furacão sexual e que desfrutava o auge da fama como o maior símbolo sexual brasileiro poderia ser uma mulher virtuosa para mim.

Voltamos para o Brasil. O empresário dela implicou, disse que símbolo sexual não podia ter namorado. Mas ela foi fiel e argumentou que o mais importante eram os sentimentos e a felicidade dela. Assim fui reconhecendo a menina boa, pura, de bom coração, de boa família, mesmo em meio aquele turbilhão provocado pela personagem da Feiticeira. Vi que ela gostava das mesmas coisas que eu e que tínhamos estilos de vida parecidos. Aí pensei: "Vamos parar por aí, não tem muito mais o que procurar." Porque, se a gente começa a se prender aos detalhes, a coisa emperra. Ao racionalizar demais, perdemos a espontaneidade.

Mas, não foi tão simples. Após sete meses de relacionamento, ela pediu um tempo. Disse que não estava preparada para casar e ter filhos. Falou que me amava, mas não conseguia ficar comigo. Eu não entendi bem, mas respeitei. Fui viver minha vida, tive outros relacionamentos. Mais ou menos um ano após o rompimento, reatamos. Acho que ela viu o que iríamos perder e acordou.

Voltamos a namorar mesmo na *Casa dos Artistas*, em 2002. Joana achou uma experiência interessante morar em uma casa linda, com todas as despesas pagas, ao longo de três meses. Quer dizer, ela ficou três meses, eu fiquei apenas um. Confesso que foi penoso para mim. Só aceitei porque queria divulgar o esporte.

Silvio Santos prometeu exibir uma das minhas lutas, caso eu participasse. De fato, naquele mesmo ano, pela primeira vez, uma luta foi transmitida para o Brasil inteiro. Foi de madrugada, ao vivo, mas teve ótima audiência. Uma pena que o Silvio não tenha usado o seu faro para negócios para manter o SBT como canal oficial de exibição do UFC no Brasil. Ele perdeu a oportunidade. Entendi que o forte da emissora dele são os programas de auditório. Em 2011, a Rede Globo pagou dezoito milhões de reais para tomar para si os direitos de exibição do UFC, que tinham sido adquiridos pela Rede TV!.

Após a *Casa dos Artistas*, Joana e eu fizemos uma viagem de carro pela Itália: vinte dias parando em pequenas cidades, desde Roma até Capri. Foi maravilhoso. Na volta, fui para São Paulo morar com ela. Nesse tempo, Joana era cardecista e eu, cristão. Ela me dizia que acreditava em vida após a morte e eu falava na vida eterna. Mais tarde, ela me confessou que se trancava no banheiro para ler a Bíblia. Queria entender o que estava escrito ali. Até que finalmente me pediu: "Quero ir à igreja." Eu a levei comigo, e ela foi tocada, chorou o tempo inteiro e decidiu ter um novo relacionamento com Deus. Isso foi no fim de 2003.

Por conta da nossa fé, analisamos como estava o nosso relacionamento. Em termos de intimidade, não nos sentíamos à vontade com aquela situação. Resolvemos que era a hora de levar a sério e fazer uma preparação. Desde o dia em que ficamos noivos até nos casarmos, em 20 dezembro de 2003, não fizemos sexo nenhuma vez. Foram mais de seis meses de abstinência, morando juntos na mesma casa. Muito difícil! Era um tal de tomar banho frio... Mas também foi aí que o nosso relacionamento se aprofundou. Houve uma verdadeira preparação para o casamento porque começamos a ter de dar conta de tudo, negociar tudo.

A experiência dessa consagração nos fez compreender que o amor do casamento é o amor além das condições humanas. Não pode ser porque a pessoa é bonita ou rica. O amor tem de funcionar em uma mansão ou em uma quitinete.

Da mesma forma, o sexo sem amor é incompleto. As pessoas falam por aí: "Não vivo sem sexo", mas tudo tem uma forma de ser feito. Você não vai à praia de terno. Se fizer isso, vai morrer de calor. Ninguém joga futebol profissional sem chuteira, ou corre o risco de machucar os pés. Sexo sem amor é como um saco furado: a gente sopra, sopra, mas nunca está cheio. É uma sensação de incompletude permanente.

Precisamos sempre abrir espaço para a vida seguir seu curso. Hoje, Joana é a minha mulher virtuosa, trabalha comigo, cuida da casa e é uma mãe amorosa para os nossos três filhos. Não temos babá. Quando viemos morar em Las Vegas, insisti para que trouxesse uma ajudante. Ela concordou, mas, chegando aos Estados Unidos, a moça não se adaptou e quis voltar. Joana ficou aliviada. Ela não estava gostando, de modo que hoje cuida de tudo sozinha e está satisfeita.

A experiência dessa consagração nos fez compreender que o amor do casamento é o amor além das condições humanas. Não pode ser porque a pessoa é bonita ou rica. O amor tem de funcionar em uma mansão ou em uma quitinete.

Altos e baixos

Casamos em São Paulo, mas nunca tivemos lua de mel, porque, em 9 de janeiro de 2004, a Priscila desapareceu, e em 31 de janeiro eu tinha outra importante disputa com Randy Couture — além da chance de revanche após perder dele em 1997, disputaríamos o cinturão dos meio-pesados. Apesar do desaparecimento da minha irmã e da pressão psicológica que isso me causava, conversei com minha família e decidimos que eu não deveria desmarcar a luta.

Joana, minha mãe e minha tia mandaram imprimir camisetas com o rosto da Priscila para esse evento. Após ponderarmos, ficou decidido que eu não usaria a camiseta para não haver risco de eu me comover e enfraquecer emocionalmente antes do evento.

No último minuto, entretanto, passei a mão em uma das camisetas e entrei no octógono com a imagem da Priscila estampada no peito. Em vez de me abalar, aquilo me deu energia extra. Parti para cima do Randy e o nocauteei aos 49 segundos. Quando me entregaram o microfone, aí sim, a minha voz tremeu: dediquei a luta à minha irmã, Priscila Belfort.

Essa vitória deu a mim o cinturão dos meio-pesados do UFC 46. É um largo cinturão de couro preto com uma chapa de ouro na frente, onde está gravado o símbolo do UFC. As letras são enfeitadas com brilhantes e pedras azuis esverdeadas. Guardo até hoje em uma vitrine com iluminação especial em minha casa, em Las Vegas. Significa muito para mim. Não é apenas um símbolo de vitória em um momento tão difícil, mas também uma lembrança de uma homenagem à minha irmã. Como se não bastasse, esse cinturão também me mantém atento à transitoriedade das coisas: no mesmo ano de 2004, eu perdi o título que havia ganhado para o mesmo Randy Couture, em agosto.

Hoje olho para trás e vejo que a minha carreira teve muitos altos e baixos. Após o desaparecimento da Priscila, sofri três derrotas seguidas. Saí do UFC e fui lutar no Pride, empresa promotora desse tipo de evento no Japão. Era bacana, mas não havia o mesmo estímulo que nos Estados Unidos.

Quando terminou o contrato com o Pride, fui lutar no Strike Force, na Inglaterra. Eles tampouco tinham a mesma tradição de lutas que a América, e passei a ganhar bem menos. Minha vida parecia um jogo de tabuleiro. Eu havia parado na casa da má sorte e era obrigado a andar cinco passos para trás. Começou, então, uma reconstrução da minha carreira, que só foi melhorar novamente em 2007.

Ao longo desses altos e baixos, minha atitude diante da vida sempre foi a de um *brawler*, como é chamado no MMA o atleta que está sempre pronto para o combate. Digo com sinceridade que nunca me preparei para uma luta específica. Sempre treinei como se a luta fosse amanhã, pois, se você começa a contar os dias, fica ansioso. Na primeira luta, em Honolulu, quando o dono da academia chegou e disse: "A luta é semana que vem", eu estava pronto.

Quando estamos preparados para o combate, absorvemos as pancadas da vida de outra forma. Igual ao surfista que leva um caldo, fica um tempo embaixo d'água e espera até voltar à superfície novamente. Ele sabe que não adianta ficar se debatendo, e usa sua sabedoria e habilidade para subir na prancha novamente. Mas também sabe que, em seguida, virá outra onda.

É claro que as pancadas deixam marcas. São os *bruisers* da vida. Marcas roxas, na melhor das hipóteses, mas também cicatrizes profundas. Eu me orgulho das minhas cicatrizes. Elas contam a minha história. Algumas pessoas perguntam se penso em fazer plástica para suavizar certas marcas, mas que nada! Gosto até das minhas "orelhas de couve-flor". Para quem não sabe, é assim que são chamadas as orelhas dos lutadores de jiu-jitsu. A cartilagem torna-se encaroçada pelo atrito com o tatame ao longo dos anos de treinos.

Eu me considero um *journeyman*. Esse é o termo usado no ambiente da luta para designar o atleta que está firme em sua jornada, em busca do melhor resultado. Isso independe de ganhar ou perder. Pois, além do espírito guerreiro, o *journeyman* deve ter metas na vida: de aprendizado, de construção, de realização.

Um dos filmes de que mais gosto é *Gladiador*, de Ridley Scott (*Gladiator*, 2000). Quem viu o filme saberá reconhecer no personagem Maximus um *journeyman*. Ele ama o que faz, luta pelos seus valores, pela memória da esposa e do filho. Morre somente após concluir sua missão. Antes, ele desafia seu maior oponente, o imperador de Roma. O adversário é um fraco, um covarde, mas é imperador.

Eu me considero um *journeyman*. Esse é o termo usado no ambiente da luta para designar o atleta que está firme em sua jornada, em busca do melhor resultado. Isso independe de ganhar ou perder. Pois, além do espírito guerreiro, o *journeyman* deve ter metas na vida: de aprendizado, de construção, de realização.

Contender é como chamamos no MMA o candidato a lutar com um campeão. Ele faz o desafio e relaxa porque sabe que está preparado. Faz parte da jornada de um homem ser *contender* porque, em certas horas, a gente tem de se arriscar para ganhar mais e crescer. Como lidar com isso?

A minha eternidade é o agora. Procuro esquecer o passado e viver de maneira livre e construtiva o presente. Costumo repetir: "O passado é um cheque cancelado; o futuro, um cheque pré-datado. O presente é dinheiro na mão." O que fazer com esse capital?

Quando estamos no octógono, são cinco minutos de luta para um minuto de descanso. Nesse breve minuto de intervalo acontecem mil coisas: é preciso estancar o sangue das feridas, receber bolsas de gelo nos hematomas, recuperar o fôlego e ainda escutar o que o *corner* tem a dizer.

O *corner* é o treinador do dia a dia dos treinos. Ele fica atrás da grade e, com meia dúzia de palavras, precisa transmitir confiança e um panorama do que está acontecendo, uma orientação, de forma positiva. Ou seja, o lutador está no meio de um turbilhão, mas tem de encontrar um lugar de paz dentro de si para se recuperar. Porque a luta vai continuar.

Não é diferente na vida. As lutas estão aí, o tempo todo. É possível que, no meio delas, você encontre um tempinho de tranquilidade, de calmaria. Pode ser um período de férias, uma temporada menos atribulada, mas não tenha dúvida alguma de que isso é temporário. Daqui a pouco, você vai ter de voltar para o meio do octógono, onde o rival está à espera.

Por isso, aproveite bem o intervalo. Tire o melhor proveito do descanso, sempre se lembrando de manter a concentração. A luta continua, e você não pode se desvincular dela. As pessoas costumam dizer: "Quando morrer, vou descansar." Mas é preciso encontrar descanso agora, no meio da luta. E mais: tem de gostar da luta.

Eu sou feliz até nos meus momentos de tristeza, porque sei que é aí que o ouro está sendo purificado. É aí que o joio está sendo separado do trigo. Os diamantes se formam mediante tremenda pressão. As tempestades fazem as árvores se enraizarem mais, se fortalecerem.

Se o mundo fosse acabar amanhã, o que você faria? Se responder que tem de consertar algo, faça-o agora. Comece já. Eu não faria nada diferente.

Capítulo 4

Escolha o seu *cutman*

Meu primogênito Davi nasceu em 5 de fevereiro de 2005, mesmo dia de uma luta minha contra Tito Ortiz, em Las Vegas. Foi um pouco antes da hora, porque Joana estava me assistindo na tevê, ficou ansiosa e entrou em trabalho de parto. Quebrei o nariz do Tito com socos no primeiro assalto e quase o nocauteei no segundo. Aos quatro minutos, acabamos indo para o chão e perdi por decisão dividida. Não foi justo. Essa derrota para o Tito Ortiz é considerada uma das maiores *garfadas* da história do UFC. Não me importei, porque a minha verdadeira vitória estava garantida: o Davi estava me esperando em São Paulo.

Assim que a luta acabou, fui para o quarto junto com os outros atletas, liguei o rádio (naquele tempo não existia telefone com câmera) e avisei: "Ninguém vai dormir essa noite porque o meu filho está nascendo!" Não pude assistir, mas ouvi tudo pelo aparelho ao longo da madrugada.

Chegando ao Brasil, fui do aeroporto direto para o hospital. Quando olhei Davi pela primeira vez, ele já tinha um dia de vida. Peguei-o no colo e não acreditava: tão pequenininho! Não queria saber de mais nada; só ir para casa ficar com minha mulher e meu filho.

Uma questão central na minha vida é entender o que é ter família, o que é ser pai, o que é ser marido. Porque a ausência do conceito básico de família marcou muito a minha infância e a adolescência. Era uma falta permanente dentro de mim. Mesmo sem consciência, eu busquei desde pequeno, desde sempre, o aconchego e a segurança que uma família saudável é capaz de proporcionar.

Lembro-me sempre do atleta da vela Lars Grael, que sofreu um acidente em 1998 durante uma competição e teve uma perna amputada pela hélice de um barco desgovernado, pilotado por um empresário embriagado. O réu foi condenado a pagar indenização e pensão mensal até hoje. Mas isso não seria suficiente para superar a revolta e a depressão que se seguiram à tragédia.

Na hora do aperto, a família Grael se uniu ao redor de Lars para lhe dar o amor e a energia necessários: a esposa Renata, com quem está casado até hoje; seus dois filhos e as famílias dos irmãos, os também iatistas Axel e Torben Grael. Lars já disse e repetiu em diversas entrevistas que, se não fosse o amor e o apoio deles e dos amigos, não teria conseguido refazer sua vida.

A família é formada por pai, mãe e filhos. Quando você sai da casa dos seus pais e se casa, você e sua esposa vão formar uma nova família. Às vezes, pais, sogros e parentes sobrecarregam os relacionamentos. Para o casamento dar certo, é preciso cortar o cordão umbilical. Esse cordão é emocional. A Bíblia fala: "Deixe o seu pai e a sua mãe para se unir com a sua família." É muito importante se proteger, proteger o cônjuge e a sua família das influências dos pais.

Eles querem o melhor para nós, mas nem sempre sabem que melhor é esse. Às vezes, nem nós sabemos.

Um grande amigo se casou com uma moça, filha única, cuja mãe, também filha única, tinha um desequilíbrio emocional. Ao longo do casamento, que durou uns sete anos, a mãe quase todos os dias ia à casa da filha. Quando o primeiro bebê nasceu, as visitas se intensificaram. Meu amigo não gostava daquilo, mas procurava entender o quanto mãe e filha eram ligadas e o quanto a mãe era solitária. Com o tempo, o casal também se tornou responsável financeiramente por essa mãe e... o casamento acabou.

Não dá para julgar os envolvidos nessa história. Todos estavam nos seus lugares, com suas razões e motivações. Mas talvez, se tivessem conversado e tentado encontrar juntos uma solução, o casamento pudesse continuar.

Pais e filhos são ligados por laços invisíveis e muito fortes. Esses laços ultrapassam o tempo e o espaço. O sentimento de amor e proteção dos pais em relação aos filhos é eterno. Mas também precisamos entender (eu me incluo aí) que as crianças precisam de liberdade para experimentar o mundo com seus próprios recursos. Isso ajuda a desenvolver a confiança em si e a ter segurança para enfrentar as situações que a vida vai trazer.

Uma vez, um colega de academia me disse: "Até os cinco anos, seja pai. Até os 21 anos, seja mestre. Depois, seja amigo." É isso o que pretendo fazer.

Uma vez, um colega de academia me disse: "Até os cinco anos, seja pai. Até os 21 anos, seja mestre. Depois, seja amigo." É isso o que pretendo fazer.

Um ex-vizinho meu, morador do Leblon, matriculou os filhos em uma escola na Gávea. Quando o mais novo tinha onze anos e a mais velha, 13, o casal se separou, e os recursos financeiros diminuíram muito. As crianças, que antes iam para a escola de ônibus escolar, passaram a ir de van.

Para quem não mora no Rio de Janeiro, explico: as *vans* são um sistema de transporte alternativo bem popular. O valor da corrida é menor que o dos ônibus e os motoristas nem sempre são cuidadosos. No início, atuavam de forma clandestina. Mas, como ganharam muitos adeptos, especialmente o trabalhador de baixa renda, o governo regularizou algumas linhas.

O trajeto Leblon-Rocinha passa pela Gávea, levando e trazendo moradores da Favela da Rocinha que trabalham na Zona Sul do Rio. Quando os familiares do meu amigo souberam que as crianças passariam a viajar de van, entraram em pânico, porque o preconceito em relação às comunidades ainda é grande no Rio de Janeiro. Um deles se ofereceu para voltar a pagar o ônibus escolar, mas aí os meninos já tinham se acostumado com a van e, principalmente, com a liberdade e a autonomia de ir e vir.

Mais tarde, meu amigo me confidenciou que a experiência com as vans foi boa em outro sentido, fazendo com que seus filhos aprendessem que a Rocinha é lugar de gente trabalhadora. Para se ter uma ideia, eles relataram que se sentiam mais seguros viajando de van do que em ônibus circulares, nos quais, ocasionalmente, ainda ocorrem alguns assaltos.

Quem decifra os códigos?

Isso, porém, não tira o valor de um bom conselho e de uma palavra terapêutica. Por mais ricas que sejam as nossas experiências, é possível que passemos por elas sem aprender nada e saiamos feridos. Todos nós precisamos de alguém que esteja ao nosso lado quando é preciso *decifrar* uma *mensagem codificada* que a vida quer ensinar e encontrar a cura para um machucado, principalmente na alma. Evidentemente, deve ser uma pessoa sábia, de valores bem fundamentados, nos quais a gente também acredite.

Não há nenhuma contradição nisso. Continuo dizendo que as pessoas, incluindo as crianças e os jovens, precisam aprender com as situações. É importante passar pela experiência, faz parte do processo de educação. Quando meu filho tem um dever de casa difícil e percebo que está angustiado, sinto vontade de fazer no lugar dele. Mas não faço, pois sei que ele precisa cumprir a tarefa. Faz parte da formação dele.

Em certa época, Joana e eu tivemos problemas. Foi mais ou menos um ano após o desaparecimento da Priscila. O Davi era pequeno e nós morávamos em Belo Horizonte, pois eu não aguentava o clima pesado do Rio de Janeiro. Eu vinha me arrastando havia meses, pressionado pela angústia da falta de resolução do caso da Priscila. Também havia perdido pela segunda vez para o holandês Alistair Overeem. A a primeira vez havia sido no Pride; a segunda, no Strikeforce, quando tentava uma revanche. Tudo isso foi se acumulando, virando uma bola de neve gigante.

Andávamos brigando muito. Agora, se você me perguntar o motivo das brigas, não eram grandes discordâncias sobre a vida. Eram por causa da tampa do vaso sanitário que eu deixava levantada, o frasco de xampu que eu deixava aberto. Se os casais parassem para observar os motivos de suas desavenças, veriam que 90% são constituídas de coisas pequenas, sem importância. A briga é mais para ver "quem tem razão".

O fato é que, quando Joana e eu estávamos caindo nessa armadilha (seja por estresse, imaturidade ou falta de sabedoria, como acontece com todos os casais), entrou em cena o meu *cutman*, Dan Duke, figura importantíssima na minha vida. *Cutman* é o especialista em sanar rapidamente as lesões provocadas durante a luta no octógono, para que o atleta volte da melhor maneira possível à disputa. Quando há um corte profundo, o *cutman* pressiona sobre ele um cotonete ou algodão embebido em adrenalina, que é vasoconstritora e estanca o sangue, e aplica vaselina por cima para isolar a ferida.

Dan Duke é o *cutman* da minha alma. Ele é o meu pai espiritual. Porque não existe apenas a paternidade do corpo, tem também a do espírito. O pai é aquele que ensina, educa, mostra o caminho e dá a direção. Infelizmente, a maioria dos pais não sabe ensinar aos filhos como lidar com uma mulher, como criar uma família. O pai precisa, inclusive, mostrar com atos o que ele tem a ensinar. Mais atos que palavras.

Todos nós precisamos de alguém que esteja ao nosso lado quando é preciso *decifrar* uma *mensagem codificada* que a vida quer ensinar e encontrar a cura para um machucado, principalmente na alma. Evidentemente, deve ser uma pessoa sábia, de valores bem fundamentados, nos quais a gente também acredite.

Dan Duke é um pastor e missionário nascido nos Estados Unidos. É um homem muito experiente, com mais de quarenta anos de atividade ministerial. Criou com sua mulher, Marti, o ministério *Uma chamada para as nações*, com o qual já viajou o mundo inteiro — cerca de cinquenta países — pregando a Palavra de Deus, inclusive no Brasil.

Antes de se tornar pastor, Dan foi hippie e viveu uma vida desregrada, entorpecido por drogas e álcool. Morava em uma comunidade hippie e tinha várias mulheres. Dizem que alguns dos maiores santos experimentaram a vida mundana antes de se iluminar. Provar os sabores e dissabores do mundo, muitas vezes, faz parte da formação de um missionário. Do contrário, como ele poderia ajudar os outros, entrar na pele deles, sentir seus problemas e dar-lhes a palavra se não conhecesse o que de fato sentem? Só um homem foi capaz de fazer isso: Jesus Cristo, que passou pela Terra e viveu sem qualquer pecado.

Dan não é santo. Ele é casado, tem filhos e netos e problemas como qualquer um de nós. Quando não está viajando, fica em casa com a família e se dedica a hobbies como praticar boxe (sim, ele também aprecia a arte da luta), mexer em carros e motos. Dan entrou na minha vida em um momento no qual eu precisava muito de um guia. Como nada acontece por acaso, ele estava morando em Belo Horizonte na mesma época que eu. Até hoje ele vai àquela cidade pelo menos uma vez por ano para o encontro anual "Fogo e glória", que são três dias de intensa adoração a Deus, conduzido por ele. É transformador.

É importante o ser humano ter um conselheiro. Os reis, antigamente, tinham os sábios da corte. Na modernidade, essa figura foi substituída pelos psicólogos, psicanalistas e assistentes sociais. Porque a pessoa, muitas vezes, se sente solitária e isolada dentro da família, sem abertura para o diálogo. Ou tem questões muito íntimas que não se sente confortável para compartilhar com amigos e familiares. Trata-se, no entanto, de uma relação profissional.

O conselheiro ou mestre é aquele capaz de ensinar um modo de vida baseado na ética. Ele (ou ela) possui a sabedoria e a temperança claramente perceptíveis, mais por seus atos que por suas palavras. Na maioria das vezes, são pessoas que falam pouco, pois o sábio sempre dedica muito tempo a ouvir.

A ELEIÇÃO DE UM *CUTMAN*

Como eleger, então, um bom conselheiro? Ele precisa dar o exemplo. Quer conhecer uma pessoa? Observe a maneira como lida com os outros. Ele grita, desdenha, é descortês? Quais são seus hábitos? Dan é um bom conselheiro porque, por meio das nossas conversas, lança luz não apenas sobre o problema que estou vivendo, mas também além dele.

Existem muitas maneiras de dar conselhos. Por exemplo, uma amiga chega para outra e diz que brigou com o namorado. A outra fala: "Esquece isso. Vamos sair hoje à noite que eu vou apresentar você a um cara." Não deixa de ser uma forma de resolver o problema. Mas será que é a melhor solução?

Certa noite, quando Joana e eu estávamos no meio de mais uma discussão, chamei meu conselheiro à nossa casa, porque a situação estava feia. Assim que ele chegou, falei:

— Preciso de um tempo. Preciso me retirar para clarear certas coisas dentro de mim.

Dan rebateu na hora:

— Você é um covarde.

A palavra "covarde" desafinou nos meus ouvidos. Foi como se quicasse dentro de mim e saísse novamente, ficando solta no ar, rindo da minha cara. Ele continuou:

— Tudo o que aprendeu com sua mãe e seu pai você está repetindo. É a relação mais importante de sua vida, e você está abrindo mão agora.

Dan foi muito sábio. Ele me desafiou como lutador. Na mesma hora, recuei:

— Espere aí, eu não disse que queria me separar.

Essa conversa durou ainda uns vinte minutos e, em seguida, eu e Joana estávamos nos abraçando e nos beijando como recém-casados. Dan se retirou e tudo ficou em paz, como continua até hoje.

A conversa com Dan foi como se ele jogasse um balde de tinta vermelha sobre a situação e, após o susto e depois de toda a tinta escorrer, sobressaísse apenas o amor, vermelho, pulsando. Porque, quando duas pessoas se unem por amor verdadeiro, esse sentimento não evapora nem desaparece de repente.

No dia a dia, o amor pode ficar empoeirado, receber entulho e ficar escondido debaixo de tralha inútil. É preciso coragem e energia para fazer uma faxina e colocá-lo em local de destaque na vida do casal, onde possa ser visto e lembrado a cada minuto do dia. Isso tem de partir de cada um. É trabalho tanto do homem quanto da mulher louvar e reverenciar o amor que os une, para que se mantenha vivo e vibrante. Foi isso o que Dan nos fez entender.

O curioso é que, para a Joana, esse episódio não teve um peso tão grande quanto para mim. Eu sei o motivo. Porque Joana foi doce e afável, enquanto eu estava sendo imediatista. Eu queria resolver o problema em um piscar de olhos, enquanto ela queria que eu entendesse a causa do problema. Hoje, olhando para trás, observo que não tínhamos sequer um problema, mas uma falta de visão.

O homem, em sua natureza objetiva, é um sujeito imediatista, enquanto a mulher é edificadora. Provérbios 14:1 diz: "A mulher sábia edifica sua casa, mas a insensata com as próprias mãos a derruba." O homem precisa aprender a entrar no mundo da mulher, que é o espaço do casal, da família e do amor. É como se ela dissesse: "Saia do automático. Pare, descanse, relaxe. Deixe-me cuidar dos seus *bruisers*. Vamos jogar conversa fora, sonhar e planejar."

Outro dia, Joana me chamou para conversar e, quando me sentei ao seu lado, preparado para um papo, ela trouxe o computador e mostrou alguns móveis à venda na internet. "O que você acha deste móvel?" Comecei a achar aquilo uma futilidade. Ela não tinha me chamado para conversar? E nós nem íamos comprar aqueles móveis. Era só para apreciar.

Eu estava sendo imediatista: se ela tinha me chamado para conversar, era isso que deveríamos fazer. Expus o meu ponto de vista, e ela me respondeu de maneira extremamente sábia: "Vitor, era justamente aí que eu queria chegar. Vamos viver o nosso mundo. Vamos relaxar. Não vamos pensar em nada, nem fazer nada específico." Aí comecei a entrar no mundo de minha mulher. Relaxei, abaixei a guarda e simplesmente ficamos ali, batendo papo, sem meta e sem foco. Quando olhamos no relógio, quase duas horas haviam se passado.

É claro que há momentos em que Joana e eu temos vontade de pregar um ao outro na parede. Mas aprendi a lição. Quando começamos a nos desentender, procuro me aproximar dela, ver o mundo através dos olhos dela. Eu comecei a abraçá-la e beijá-la mais depois disso.

Sei que é um exercício difícil colocar-se na pele do outro. Ao fazer isso, nós nos deparamos com situações conflituosas que, muitas vezes, requerem uma escolha ou tomada de atitude: abro mão do que eu quero ou mantenho o pé firme? Temos de nos despir de qualquer resquício de egoísmo, de modo que se colocar no lugar do outro é também uma entrega. É muito mais fácil julgar e dar opinião sobre qualquer assunto sem tentar compreender as razões do outro. Só a partir dessa compreensão é possível realmente se aproximar, entender e ajudar o outro, seja por amor, amizade, respeito ou solidariedade.

O homem, em sua natureza objetiva, é um sujeito imediatista, enquanto a mulher é edificadora. [...] O homem precisa aprender a entrar no mundo da mulher, que é o espaço do casal, da família, do amor.

Outra reclamação comum da Joana é que só falamos de trabalho. Procuro fazê-la enxergar o lado positivo: "Que bom, pois é sinal de que há trabalho e que o dinheiro está entrando." Mas, se for preciso, cancelo todos os compromissos e saio com ela para jantar, chamo-a para namorar. Porque, como trabalhamos juntos, se eu não me policiar, daqui a pouco a estou tratando como amiga ou colega de trabalho.

Chega uma hora em que é preciso despir os uniformes do trabalho, tirar as luvas e voltar para casa, para o mundo da família e do casal. Mais uma vez, é a mulher que nos chama para isso. Se deixar na mão do homem, ele segue no automático. É muito importante estar atento; do contrário, é o início da separação.

O que todo mundo quer, no fundo, é uma família unida, uma mulher amorosa, filhos saudáveis, felizes e bem-educados. Quando as pessoas saem à noite em busca de uma paquera ou um flerte, em última instância, é isso o que elas querem: amor e segurança. Eu sei, pois também já saí muito à noite em busca de diversão e afeto.

Em qualquer relacionamento, devemos ter a humildade de reconhecer que nem sempre é importante "ter razão", mas ser livre e feliz. Uma vez que assumimos um compromisso, é preciso levá-lo até o fim. Da mesma forma que tenho compromisso com a profissão, tenho com a minha família. Porque as pessoas desistem das famílias, mas não desistem da vida pessoal.

Compromisso, para mim, é uma questão de caráter. A minha palavra vale muito. Não posso prometer agora algo que não vá cumprir mais adiante. Quando abro a boca para dizer algo, assumo ali o compromisso de fazer valer o que foi dito, mesmo que tenha de me sacrificar para isso. Por isso, meço muito bem as minhas palavras e os meus atos.

Nos relacionamentos, não podemos querer ganhar sempre, mas também não precisamos perder sempre. Tem de ser como naquela gangorra da pracinha: uma hora, um está em cima e o outro está embaixo; depois, trocam. Ou como no frescobol, no qual campeã é a dupla de jogadores que mantém a bola no ar o maior tempo possível.

Cada um tem a sua verdade, a sua razão. É preciso encontrar o equilíbrio, o que está no meio, o caminho comum. Estamos juntos em uma construção e com uma direção. Não adianta querer dobrar o outro, fazer valer a sua vontade.

Na hora em que Dan nos ajudou a enxergar isso, os motivos tolos das brigas desapareceram. Joana mandou instalar um mictório em nosso banheiro; acabou o problema da tampa da privada levantada. Quanto ao xampu, ela também passou a deixar o frasco aberto.

Capítulo 5

Challenger

Meu filho foi a uma festinha na casa de um colega. Um garoto mais velho esbarrou nele e disse:

— Foi mal. Não quero confusão porque o seu pai é lutador.

Davi parou a brincadeira:

— O meu pai não é o que você está pensando. Ele é um homem decente, calmo, um lutador profissional. Se vocês esbarrarem nele, ele vai pedir desculpas.

Quem me contou isso, depois, foi o pai do dono da festa. Ele disse que o Davi tinha dado uma lição para todo mundo que escutou a conversa.

Da mesma forma, na primeira entrevista que dei na vida, a repórter indagou:

— Se baterem no seu carro, o que você faz?

Respondi de modo a fazê-la raciocinar sobre o preconceito por detrás daquela pergunta:

— Se alguém bater no carro do Luciano Pavarotti, ele precisa saltar e cantar ópera? Se alguém bater no carro do Zico, ele precisa jogar bola?

Ela deu um sorriso amarelo e pareceu que entendeu.

Quando eu me tornei cristão, algumas pessoas me condenaram por achar que a minha profissão não era compatível com a fé. Elas encaravam o MMA como uma briga. Não é verdade. Atualmente, o esporte tem regras claras, e o argumento contra a tão falada violência é o seguinte: faz parte.

Se alguém procurar a definição de "violência" no dicionário, vai encontrar: "Emprego abusivo, ger. ilegítimo, da força ou da coação com o fim de se obter algo" (Aulete). No MMA, os lutadores estão ali porque querem e obedecem a regras. Então, não há violência.

Antes da luta, somos obrigados a fazer exames de sangue, especialmente HIV e hepatite. Após a luta, os atletas passam por uma bateria de raios X. Se houve muitos socos na face e na cabeça, o sujeito é suspenso e obrigado a ficar pelo menos duas semanas sem lutar. Se houve nocaute, a suspensão pode aumentar para até dois meses.

Podemos dizer que o MMA é um esporte agressivo. Assim como também são o hóquei, o futebol americano e o rúgbi. No entanto, desde a criação do UFC, nunca houve óbitos em lutas. Por incrível que pareça, o esporte com maior número de óbitos é o ciclismo. O atleta cai da bicicleta naquela pista inclinada a 100km por hora e morre. Dirigir um carro a 300km por hora, como na Fórmula 1, também é agressivo.

Participei de um debate na tevê e um advogado que se dizia cristão começou a me questionar. Estive firme na frente dele, mas depois confesso que fiquei balançado: "Se não posso ser lutador e cristão, o que poderei ser?" Comecei a passar em vista as profissões. O médico, por exemplo, quando chega um doente precisando de um tratamento que o plano de saúde não aprovou, é obrigado a deixá-lo morrer?

Certa vez, perguntei a um médico-cirurgião que trabalhava em hospital público como agia quando chegava um criminoso ferido. Ele me contou duas coisas curiosas: primeiro, que quando chegavam um policial e um bandido baleados, em 90% dos casos o policial morria e o bandido sobrevivia. Segundo que, em se tratando do criminoso, ele realizava os procedimentos básicos e só. E, mesmo assim, o cara, na maioria das vezes, ficava bom.

O advogado, da mesma forma, quando surge um assassino estuprador é obrigado a defendê-lo, porque, perante a lei, todo réu tem direito a defesa. Em todas as profissões, há situações nas quais a pessoa tem de passar pelo fio da navalha. Então, se um homem pode ser advogado e cristão, por que não posso ser lutador?

Responsabilidade se aprende

Hoje, o filho do Faustão quer ser lutador de MMA e o garoto da favela também. Os atletas do octógono têm uma grande responsabilidade perante o público. Antes, porém, devem ter responsabilidade consigo e com o esporte para honrar a profissão. E a responsabilidade também é um aprendizado. Ela vai sendo construída com base nos erros e nos desafios que enfrentamos na vida. Esses desafios nos chamam para a luta — são verdadeiros *challengers* — e nos colocam à prova: como vamos reagir às tentações, às provocações?

Antes de entrar na *Casa dos artistas*, programa do SBT, aceitei participar do *Futebol dos artistas*; eu fazia tudo para que o meu esporte estivesse na mídia. Foi uma escolha infeliz, pois eu não estava preparado, não jogava futebol havia muito tempo. Acabei machucando o joelho e tendo de operá-lo. Foi preciso cancelar uma importante luta que estava marcada. Eu deveria ter refletido antes e considerado os prós e contras, mas não o fiz. São irresponsabilidades nossas das quais devemos nos prevenir.

A responsabilidade também é um aprendizado. Ela vai sendo construída com base nos erros e nos desafios que enfrentamos na vida. Esses desafios nos chamam para a luta — são verdadeiros *challengers* — e nos colocam à prova: como vamos reagir às tentações, às provocações?

Houve muitos outros desafios em meu caminho, mais perigosos que esses. Atalhos e desvios que fui convidado a seguir, e com poucas chances de voltar. Mas os meus valores, principalmente a minha fé, me fizeram parar em cima da hora. Hoje, olhando para trás, percebo que eu sempre estive conectado.

Durante a adolescência, morei em um dos prédios da Selva de Pedra com minha mãe e minha irmã. *Selva de pedra* era o nome de uma novela da Janete Clair exibida na tevê Globo na década de 1970, e virou apelido de um conjunto de altos edifícios de classe média erguidos no fim da década de 1960 no Leblon.

No centro da Selva de Pedra existe uma área arborizada, uma pracinha com brinquedos e vários bancos para a gente se sentar. É ponto de encontro de casais de namorados, idosos, crianças e adolescentes que moram ali. Dos nove anos até viajar para os Estados Unidos, aos dezessete, convivi intensamente com a turma de garotos que se reunia na praça. A maioria era mais velha e aquilo era um atrativo maior. Eu estava sempre perto deles e fazia de tudo para ser incluído.

Aos treze anos, tive meu primeiro contato com a maconha. Eu nem sabia o que era aquilo, não sabia tragar. Mas todo mundo fazia e eu ia atrás. Um colega maior, que eu admirava muito, disse: "Vitor, isso não é certo, esse não é o seu caminho." Mas o problema é que ele também fumava maconha. Esse rapaz nunca me deixava vê-lo fumando, mas todos falavam que ele fumava. Até que um dia eu vi, e o conselho dele perdeu efeito. Aí está um exemplo da importância de ensinar mais com atos do que com palavras.

Ainda bem que meus pais descobriram cedo o meu envolvimento com drogas. A maneira foi até engraçada: outro colega da pracinha, bem mais velho que eu, pediu que eu guardasse 1kg de maconha no meu armário porque a polícia ameaçava invadir a casa dele. Na minha inocência, fiz o que ele pedia. O cheiro da erva empesteou todo o meu quarto e se espalhou pela casa. Um dia, cheguei da escola e encontrei meu pai e minha mãe juntos na sala — coisa rara — e o tijolo de maconha estava em cima da mesa de jantar. Contei tudo a eles e tivemos uma longa conversa.

No entanto, não foram só palavras. Nesse mesmo dia, meu pai me levou ao Clube de Regatas do Flamengo, que fica em frente à Selva de Pedra, onde eu treinava judô e futebol. Ele fez isso para me fazer lembrar quem eu era: um atleta.

Meu pai percorreu o clube inteiro junto comigo. Levou-me à presença do meu professor de judô, dizendo: "O Vitor tem se metido com coisas erradas." O professor me deu um sermão, mas não me condenou nem me excluiu. Quando um adulto age com agressividade com um adolescente com problemas, está, na verdade, empurrando-o para o lado errado.

Depois fomos assistir ao Zico bater faltas. Em certa época, ele foi meu treinador de futebol. Era um grande ídolo e estava se preparando para parar de jogar. Por fim, fomos juntos à pracinha. Meu pai chamou os moleques e começou a fazer perguntas sobre a vida deles. Apontou para mim, dizendo que eu era campeão de bicicross e de judô. Os meninos arregalaram os olhos, porque muitos não sabiam.

Nesse momento, passou o rapaz que eu admirava. Meu pai o chamou e tiveram uma conversa franca. Ele confessou que fumava, queria largar, mas não conseguia. Ao mostrar sua fraqueza, de coração aberto, ele continuou sendo uma referência para mim. Hoje esse cara é pai de família, formado em educação física.

Esse dia foi um momento importante da minha vida por causa da intervenção dos meus pais. Belfort teve uma atitude muito correta: usou sua influência e autoridade paterna para me explicar por que aquilo estava errado e dar limite à minha inconsequência e ignorância. Já minha mãe queria entender o que tinha me levado a fazer aquilo. Ela quis conversar, ir fundo dentro de mim. E foi isso que fizemos nos dias e meses subsequentes.

Contudo, como todo jovem é cabeça-dura, foi preciso outro tranco para eu me afastar definitivamente das drogas.

Aos quatorze anos, tomei um ácido. Christian Fletcher era o surfista da hora e aparecia em vídeos tomando ácido para surfar. Um colega da pracinha se aproximou de mim e abriu a palma da mão, onde se via um pedacinho de papel colorido. "Toma isso aqui, é o mesmo que o Christian Fletcher toma." Eu tomei e a onda começou a bater. Saímos caminhando pelo Leblon e, quando estávamos na rua Humberto de Campos, vimos dois garotos atacando duas meninas poucos metros à nossa frente. Tentavam tirar as bolsas delas. Não eram pivetes, eram meninos como nós se comportando como pivetes.

Eu e meu parceiro de ácido, que também lutava judô, não tivemos dúvida: partimos para cima deles e entramos em luta corporal. Lá pelas tantas, olhei para o lado e vi que meu colega estava estrangulando um dos assaltantes. O garoto já estava desacordado, mas meu colega não se dava conta e não parava de apertar. Ele ia matar o rapaz.

Apesar da droga e da onda horrorosa de tensão, estresse e susto, uma parte de mim continuava lúcida e consciente. Parei a briga e fiz meu colega soltar o garoto. Em poucos segundos, o moleque acordou e saiu correndo, apavorado. Essa experiência foi tão ruim que decidi naquele momento parar definitivamente com as drogas e me apegar no esporte.

De novo, as escolhas

Usar drogas ou não é uma questão de escolha. Quem opta por usar vai ter sempre um bom argumento. Por exemplo, não adianta dizer a um jovem que faz mal a saúde, porque ele vai responder que aquilo não o atrapalha em nada, ele joga futebol, pega onda faz tudo normalmente. Mas não é verdade. Uma das faculdades da droga é fazer a pessoa esquecer como é a vida comum. Pior: a vida torna-se pálida e sem graça à medida que a pessoa se acostuma com as sensações causadas pela substância, seja ela qual for. Até mesmo o álcool, que é uma droga permitida.

Existem mil argumentos para não usar drogas, mas o principal deles, para mim, é que ela nos afasta de nós mesmos. Enquanto todo trabalho espiritual tem o sentido de promover essa aproximação, a droga extingue a comunicação com o nosso ser. Não é exagero compará-la ao próprio diabo, porque a Bíblia diz que o Reino de Deus é paz, amor e justiça, enquanto o diabo fala: "Eu vim para matar, roubar e destruir." O que a droga faz além disso?

Todo ser humano traz dentro de si uma porção divina. A prática religiosa fortalece o contato com essa fonte de sabedoria interna, a partir da qual temos a paz necessária para tomar decisões e reger nossa vida. O entorpecente causa tamanha dispersão que dificulta e impede a comunicação com essa parte divina e com o próprio Deus. Por isso, é comum associar drogados a zumbis.

Existe um filme para crianças que mostra de forma simbólica esse jogo: *A bússola de ouro* (*The Golden Compass*, 2007). Em um mundo semelhante ao nosso, cada ser humano tem um animal que o acompanha. Pode ser um pássaro, um rato, uma onça ou um elefante; o animal é de acordo com a essência de cada ser.

Logo no início da trama, ficamos sabendo que um grupo de pessoas vem raptando as crianças para separá-las de seus animais, de modo que se tornam desprovidas de ânimo e fáceis de serem manipuladas. Logo formam um exército de pequenos zumbis. Até que os heróis chegam para salvá-las e restituem seus animais originais.

Anos depois do infeliz episódio com o ácido, fui a uma festa nos Estados Unidos com os meus patrocinadores da marca de roupas RVCA. Quem estava lá? Christian Fletcher. Fiquei sabendo que aquela era a casa do pai dele e que ele meio que dependia do *coroa*, não tinha constituído família e ainda usava drogas. Olhei e vi um cara perdido. Mas não deixei passar a oportunidade de compartilhar o episódio do ácido para ele ter uma noção do que, em sua inconsciência, foi capaz de causar.

Também contei que havia me tornado cristão e o desafiei: "Nunca é tarde para mudar o nosso caminho. Ainda há tempo de mudar sua atitude." Fletcher apertou minha mão e começou a brotar água dos olhos dele. Acho que foi de vergonha.

De minha parte, não tenho receio de transmitir aos jovens os erros que cometi no passado. Eles fazem parte da minha caminhada, são degraus de uma escada que venho subindo desde sempre. É pelos erros que a gente aprende. Não devemos nos culpar quando o erro foi por ignorância. "Eu errei porque não sabia" — essa é a justificativa. Agora, repetir o erro é imperdoável. Dizem até que é burrice. Quem erra porque não sabe pode se *des-culpar*. Quem insiste no erro precisa refletir seriamente sobre o rumo que deseja para si e para a própria vida.

A vida de uma pessoa é como uma estrada. Se o pavimento é bom, é mais fácil aprender a caminhar. Se o chão é esburacado, cheio de pedras, a criança vai cair e se machucar.

Todos nós nascemos com um pacote de dificuldades. Ninguém é completamente feliz, ninguém está isento de problemas. Alguns sofrem sérios revezes ao longo da vida: famílias perdem tudo, padrões de vida caem repentinamente, surgem vícios, damos maus passos... Creio que o pior problema, o que dificulta mais as coisas, é a estrutura familiar fraca na infância. Pois a vida de uma pessoa é como uma estrada. Se o pavimento é bom, é mais fácil aprender a caminhar. Se o chão é esburacado, cheio de pedras, a criança vai cair e se machucar.

Uma vez conheci um rapaz em uma viagem de ônibus. Ele era adestrador de cães. Como a viagem parecia interminável e estávamos sentados lado a lado, começamos a conversar. Ele me explicou que é fundamental no adestramento não bater na cabeça do animal porque, se o bicho leva muita pancada na cabeça, fica bobo.

Infelizmente, algumas pessoas levam muita pancada — aqui falo de modo simbólico, mas pode ser fisicamente também — na primeira infância, quando a personalidade está se formando. Nós não somos bichos, somos gente que pensa, mas uma parte de nós ainda é animal. E as pancadas na infância deixam marcas profundas.

O remédio e antídoto para as ciladas que a vida apronta é o amor. O amor cura e também funciona como um colchão amortecedor e protetor. Quem tem amor está mais firme para receber os impactos e permanecer de pé. Mas e quem não tem?

Ciladas

Caetano Veloso é um artista que tem opiniões polêmicas. Li uma vez um depoimento em que ele dizia que até uma criança de rua, na limitada condição em que se encontra, tem a chance de escolha entre o mal e o bem. Porque na vida de todo mundo surgem oportunidades. Por pior que as coisas estejam, sempre há uma saída, uma brecha. Quem estiver atento e aberto vai aproveitar essa oportunidade de melhorar, de receber algo positivo. Eu acredito nisso.

Eu e minha irmã tivemos o pavimento esburacado na primeira infância por causa da separação dos nossos pais, mas recebemos amor suficiente deles para levantar e caminhar. Houve muitas ciladas, como vou contar a seguir.

Aos seis anos, nós ainda morávamos na Delfim Moreira, em frente à praia, perto do Posto 12, no apartamento que tinha sido da minha mãe e do meu pai quando casados. Eles já estavam separados e ela tinha um novo companheiro. Eu morria de ciúmes, não aceitava que tivesse outro namorado.

Quando a minha mãe saía, quem ficava conosco era Penha, a nossa babá, por quem eu tinha um grande amor. Uma vez ela nos defendeu de um ladrão que quis invadir o apartamento. A campainha tocou, corri para abrir e já ia retirando a correntinha quando a Penha gritou: "Não abre que é ladrão!" Foi uma confusão: o cara meteu a mão armada para dentro da nossa casa, ela bateu a porta com força no punho dele até a arma cair. Até que chegou o porteiro e o ladrão saiu correndo.

A Penha vivenciou junto comigo e Priscila a separação dos meus pais. Ela nos deu amparo e nos protegeu, levando-nos para passear. Anos depois, peguei o carro e fui atrás dela em Teresópolis, onde foi morar após se casar. Eu tinha uns 23 anos, e ela me recebeu em sua casa, toda feliz. Parecia que eu tinha reencontrado minha segunda mãe.

Após tomar café e conhecer sua família, chamei-a para um canto para conversar. Eu queria que ela me contasse como foi a minha infância. Porque não me lembro de muita coisa, é como se houvesse um bloqueio em minha mente. Penha me contou muitas coisas positivas, e, quando perguntei das negativas, ela simplesmente disse: "Se existe esse bloqueio em sua mente, é porque Deus quer proteger você. Seu pai e sua mãe sempre o amaram. Deixe quietas as coisas negativas, e as positivas vão prevalecer."

Certa noite, quando eu ainda tinha seis anos, minha mãe avisou que iria sair e chegar tarde. Fui para o quarto, fingindo que ia dormir, mas, na verdade, vesti minha roupa de motoqueiro e saí pelos fundos. Fui até a garagem, onde ficava o meu velocípede, subi nele e fui pedalando em direção ao Caneco 70, bar que existia em frente à praia no fim do Leblon. Eu já tinha visto um grupo de motoqueiros que costumava se reunir ali à noite, cada um com a sua moto, todos vestidos de couro.

Quando estava saindo do prédio, passei pelo porteiro.

— Aonde você vai? Cadê a Penha? — ele perguntou.

— Ela já vem — respondi na maior cara de pau.

É óbvio que ele interfonou para a babá e contou que eu estava na rua sozinho, todo vestido de preto, junto dos motoqueiros. Penha chegou no momento em que eu estava pedindo cerveja aos rapazes. Eles estavam adorando e pediram: "Deixa ele aqui com a gente!" Mas ela me levou embora na mesma hora.

Hoje consigo compreender que esses comportamentos eram maneiras de expressar o desconforto interno que eu sentia. A falta de sabedoria e maturidade para lidar com os estados internos pode nos levar a lugares perigosos. É importante aprender a lidar com isso para não cair em compulsões, vícios.

O remédio e antídoto para as ciladas que a vida apronta é o amor. O amor cura e também funciona como um colchão amortecedor e protetor. Quem tem amor está mais firme para receber os impactos e permanecer de pé.

Lembro-me de um aluno que tive, um menino de doze anos cujos dedos das mãos eram pequenininhos, quase sem unhas, de tanto que ele roía. Quando não estava no tatame, estava com a mão na boca, roendo as unhas. Eu dizia: "Tira a mão da boca!" Ele tirava, mas em seguida voltava. Um dia, brinquei: "Você vai acabar como uma estátua grega muito famosa, que as pessoas fazem fila para ver em Paris, a Vênus de Milo. Sabe como ela é?" Ele me olhou com interrogação. "Não tem os braços", expliquei. Ele riu.

Como nada era capaz de fazê-lo parar, um dia tive uma ideia. "Percebi que você não consegue controlar o hábito de roer unhas, não é verdade?", perguntei e ele fez que sim. "Quando você vê, já está com a mão na boca, certo?" Ele assentiu. Combinamos o seguinte: quando eu o visse com a mão na boca, chamaria sua atenção não com o intuito de que parasse o que estava fazendo, mas que simplesmente observasse como se sentia por dentro.

Pusemos essa estratégia em prática poucas vezes, duas ou três. Algumas semanas depois, esse menino veio me mostrar as unhas, que finalmente estavam crescendo. Ele disse que, ao voltar sua atenção para dentro, começou a perceber melhor o impulso que o levava a roer unhas, e a partir daí era possível interrompê-lo.

Quando nos sentimos mal por dentro, é comum buscarmos alívio fora. Claro, quem quer se aproximar do que incomoda? Mas é justamente o contrário que devemos fazer. Não podemos fugir de nós mesmos. Ao lançar luz no desconforto, ele diminui de tamanho. É como um gato persa na hora do banho. Antes, parece enorme e gordo; molhado, fica magrinho.

Olhar para dentro

Claro que olhar para dentro requer treinamento. Uma criança normalmente não é capaz de descobrir como fazer isso sozinha. Por isso, necessita de proteção e orientação, ou ficará exposta a muitos perigos. Vou contar um episódio bem estranho que aconteceu comigo em um momento de fragilidade. Tem a ver com o meu avô Armando, outra figura importante na minha infância e adolescência além da Penha. Ele era amoroso e gostava de se relacionar com as pessoas. Era pai da minha mãe, casado com minha avó Aline, a Nininha.

Era ele quem me levava e buscava na psicóloga. Era também ele quem costumava me pegar de carro no colégio. Eu não gostava porque tentava sempre me arranjar uma namorada. Queria me ver casado, que eu tivesse família e filhos. Chamava as meninas e perguntava: "Você não acha o meu neto bonito?" Eu morria de vergonha.

Meu avô tinha um Fiat Premium quatro portas e dirigia mal demais. Nós parávamos no sinal e sempre vinha outro motorista parar ao lado para reclamar das barbeiragens dele. Ele respondia, mas nunca com palavrões: "Vá plantar batatas!" Eu fazia sinal de que era maluco, e o motorista começava a rir.

Armando e Nininha eram os pais de minha mãe. Além de cuidarem de mim e da minha irmã e contribuírem com o pagamento das despesas, ajudando meu pai e minha mãe, eram uma referência como casal. Viam que meus pais se amavam, mas viviam em guerra, e tentavam sempre ajudar. Queriam proteger Priscila e eu. Eles mantinham um bom relacionamento com o meu pai e davam muito amor a mim e minha irmã. Ou seja, sempre foram presentes não apenas no aspecto financeiro, mas principalmente no emocional. Em determinado momento, eu cheguei a considerá-los meus pais.

Quando eu tinha uns quinze anos, meu avô foi internado no hospital por causa da diabetes, que havia se agravado. Mais uma vez, a falta de habilidade em lidar com o desconforto interno me levou por caminhos perigosos. Havia um jogo de futebol importante naquela tarde. Eu estava na casa do meu pai e ele resolveu assistir à partida com amigos. Convidou-me para ir junto, mas decidi ficar sozinho. Ele concordou e disse: "Após o jogo, vamos nos encontrar no Clipper", referindo-se a um tradicional bar no Leblon.

Assim que ele saiu, telefonei para meus amigos da praça da Selva de Pedra e chamei-os para ver o jogo lá em casa. Eles vieram, uns cinco ou seis garotos mais velhos, de dezoito e dezenove anos. A primeira coisa que fizeram foi invadir o bar do meu pai e beber o seu uísque doze anos.

Como todo garoto adolescente também gosta de contar vantagens, revelei: "Meu pai já foi militar e tem uma arma." Os rapazes perguntaram se eu sabia onde estava guardada e, sim, eu sabia. Fui até lá, peguei o revólver — carregado — e o trouxe para a sala. Um dos meninos, enquanto bebia uísque, retirou todas as balas do pente, deixando apenas uma. Começou a brincar de roleta russa, apontando primeiro para o teto e as paredes. Como nada aconteceu, ele passou a apontar para a gente e falar: "Bum, você morreu!"

De repente, quando a arma estava apontada para mim e outro colega, sentados no sofá, o revolver disparou. Foi um barulhão, e o cheiro de pólvora se espalhou por todo o lugar. A bala pegou na parede atrás do sofá, entre mim e o garoto ao meu lado. Todo mundo foi embora na mesma hora. Assustado e com medo do que o meu pai faria quando descobrisse, retirei um pequeno quadro da parede do corredor, arranjei um prego e um martelo e o pendurei sobre o buraco da bala. Uma solução improvisada, mas quem sabe daria certo?

Saí pelas ruas que nem cachorro sem dono até encontrar coragem de ir ao Clipper. Em dias de jogo, esse bar enche de gente após a partida. Fica todo mundo em pé tomando chope. No meio da multidão, vi meu pai. Ele se aproximou com a cara fechada. Pensei que estava furioso, e minhas pernas ficaram bambas. Mas ele me deu a notícia: "Seu avô morreu."

Enquanto eu fazia bobagens com uma arma carregada, meu querido avô Armando tinha falecido. Não tive oportunidade de lhe dizer "adeus". Aquela foi uma dor tão grande que o episódio da bala tornou-se secundário. Meu pai levou meses até descobrir o buraco na parede. No dia do enterro, eu via o meu avô dentro do caixão e pensava: "Como pode? A gente é igual a um boneco com bateria? Deus não pode trocar a bateria do meu avô e fazê-lo levantar? Não é justo ele morrer agora. Não vai me ver casar, não vai conhecer meus filhos..."

Quando chegou a hora de fechar o caixão, eu tinha esperança de que ele se levantaria. Gritei: "Não fecha ainda não!" Eu tinha certeza de que ele voltaria a viver. Mas não aconteceu. Tive de enfrentar aquilo: assistir ao caixão sendo lacrado, imaginar os vermes comendo o corpo dele embaixo da terra. "Ele vai ficar sufocado. Não fechem!" Tiveram de me tirar à força do velório. Saí gritando, esperneando, chorando.

A morte é algo muito difícil para o ser humano aceitar. Não cabe no nosso intelecto. Não faz sentido. Esse é o maior mistério de todos: Onde estamos antes de nascer? Para onde vamos depois de morrer?

Há uma lenda bonita, segundo a qual toda criança, antes de ser concebida, tem acesso aos segredos da vida e da morte. Mas, antes de iniciar sua jornada, um anjo se aproxima e pressiona com o indicador o pequeno espaço entre a base do nariz e o lábio superior, e ela esquece. Por isso, todos nós temos uma pequena cavidade nessa região da face.

A morte é algo muito difícil de o ser humano aceitar. Não cabe no nosso intelecto. Não faz sentido. Esse é o maior mistério de todos: Onde estamos antes de nascer? Para onde vamos depois de morrer?

O fato é que a morte, muitas vezes, nos impulsiona em alguma direção. Nossa necessidade de entendimento e compreensão nos leva a isso. A minha maneira de lidar com a morte do meu avô foi usar, durante uns seis meses, as roupas dele. Não deixei que as lavassem ou doassem; eu as usava para senti-lo perto de mim. Foi muito dura essa perda (mais uma) na minha atribulada jornada.

Todas as histórias narradas neste capítulo poderiam ter fim trágico, mas foram experiências que me fizeram aprender a ter mais responsabilidade e a encarar meus desafios — os *challengers*. Hoje vejo como Deus me livrou de muitas coisas. Mesmo que a pessoa não o aceite, existe uma voz dentro dela dizendo o que é certo e o que é errado. É preciso ouvir essa voz e segui-la, mesmo sem saber ao certo onde vai dar.

Certa vez, a psicóloga que eu frequentava me deu de presente uma lembrancinha de festa de aniversário que guardei comigo até há pouco tempo atrás. Era uma pequenina carruagem de plástico verde com rodinhas pretas. Ela me entregou esse brinquedo e me fez prestar atenção em cada detalhe, explicando seu significado. Vou tentar reproduzir aqui:

- Caixa de madeira da carruagem: simboliza o corpo da gente
- Cocheiro: é o intelecto
- Cavalos: são as emoções
- Passageiro: é o ser, a nossa porção divina

Do passageiro deve partir a ordem que será levada a cabo pelo cocheiro, que por sua vez deve conduzir os cavalos pelo caminho certo, para que cheguem seguros ao seu destino. Se o cocheiro não dá atenção ao passageiro, passa a agir por conta própria, e a carruagem se desvia de seu destino original. Se o cocheiro não tem pulso firme para conduzir os cavalos, estes podem entrar por qualquer caminho esburacado e danificar seriamente a carruagem.

Lembro que a figura do passageiro era quase imperceptível no brinquedo, uma silhueta simples marcada nas laterais das janelas da carruagem. Aprendi que é preciso prestar muita atenção nele para ouvir a sua voz. Se não...

Muitas das coisas que fiz ao longo da vida foram assim, sem uma noção mais clara dos desafios envolvidos. Eu me joguei sem qualquer garantia de sucesso. Mas, dentro de mim, eu tinha a clareza e a certeza de que aquela era a coisa a ser feita naquele exato momento. Nesses casos, eu venci os desafios.

Capítulo 6

Aprenda a se antecipar

Sempre tive espírito empreendedor. Sou bom em fazer contatos, abrir portas, tenho boas ideias. Mas transformá-las em realidade é outra história. Se a pessoa não tem organização e iniciativa — no sentido de ter disciplina e método —, as coisas se perdem pelo caminho.

Dizem que as boas ideias, aquelas que dão origem às oportunidades, moram no inconsciente coletivo da humanidade. Sei que esse termo, "inconsciente", foi cunhado pelo fundador da psicanálise, Sigmund Freud, e aprimorado por um de seus discípulos, Carl Jung. Este dizia que existe algo como uma mente comum a todos, assim como um turbilhão de ideias disponíveis a todos. Quanto a isso, ouvi uma teoria interessante: uma boa ideia se anuncia primeiramente no inconsciente coletivo, e quem for capaz de se antecipar e realizá-la antes de todos leva a melhor.

Conheci algumas boas pessoas ao longo da vida que tinham boas ideias, mas não conseguiam levá-las até o fim. Era curioso observar, e às vezes eu tinha vontade de ajudar. Mas também era fácil notar uma falta de habilidade em conduzir as etapas até a realização do que era pretendido no início. Ou era o jeito inadequado de comunicar a proposta ou certa atrapalhação ao tentar envolver os outros. Enfim, o fato é que nenhum negócio dava certo para essas pessoas.

Uma vez li uma entrevista do *rapper*, escritor e ativista social MV Bill, na qual ele dizia que um dos motivos do seu sucesso é o fato de ter aprendido a língua das pessoas de fora da comunidade. Quando se deu conta de que, falando apenas a linguagem da favela não iria além dos limites da Cidade de Deus, comunidade onde nasceu, decidiu que era preciso aprender a pensar e falar diferente, concatenar as ideias e saber expressá-las. Para isso, a leitura foi fundamental.

Essa fala do Bill me fez refletir sobre o quanto é necessário estarmos sintonizados com o ritmo do mundo para poder realizar nossos projetos. Isso envolve estar bem-informado, conhecer bem as ferramentas da internet, ter velocidade. O mundo hoje gira em um ritmo muito mais rápido que há dez anos.

Existe outra teoria para explicar isso também. Ela diz que a velocidade do mundo está ligada à informação. Antigamente, para uma carta ou um documento ser entregue, o mensageiro tinha de cavalgar vários dias, subir e descer montanhas até chegar ao destinatário. Quem recebia passava um tempão esperando para tomar as devidas decisões e providências que a carta havia suscitado.

Com a invenção dos trens, automóveis, telefone e, principalmente, da internet, as informações passaram a circular muito mais rápido, desencadeando ações que se multiplicam sem parar. Para completar, o forte terremoto que ocorreu no Chile, em 2010, segundo cientistas, alterou o eixo da Terra em oito centímetros, de forma que o dia foi encurtado em 1,26 microssegundos. Ou seja, nós fazemos muito mais coisas em menos tempo. Dureza!

Estar no mundo, inserido "no sistema", requer persistência, paciência, trabalho e esforço. Por isso, algumas pessoas optam por morar em cidades do interior, onde o ritmo é mais lento. Independentemente disso, acredito que, com organização e expediente, é possível conseguir boas realizações onde quer que se esteja. Se antecipar é muito melhor do que ter de correr atrás do prejuízo.

A história e o cotidiano, aliás, estão sempre confirmando essa verdade. As pessoas que mais se destacam na vida empresarial, por exemplo, são as que se organizam e se preparam. Elas enxergam coisas que muita gente não percebe, conseguem se antecipar e, quando uma oportunidade aparece, são as primeiras a se beneficiar. Como já mencionei, o próprio UFC foi assim: hoje vale muito mais do que na época em que foi comprado pelos atuais donos.

Preparando o futuro

Quando jovem, reconheço que não tinha maturidade para dar seguimento a vários projetos que iniciei. Mas não tive medo de me lançar e aprendi com os erros. Na minha segunda luta, já pelo UFC, no Alabama, ganhei cinquenta mil dólares, mas perdi quase tudo em seguida. Fui afoito e, mesmo sem entender nada de bolsa de valores, aceitei investir boa parte desse montante na Nasdaq, a bolsa na qual são negociadas as ações das empresas de tecnologia norte-americanas. Um amigo meu, cirurgião plástico em Beverly Hills, investia nessa bolsa e me convenceu a fazer o mesmo, afirmando que meu dinheiro iria se multiplicar.

Eu não sabia que investimento na bolsa era algo de longo prazo; a gente tem de mirar o futuro. Tampouco sabia que a internet vinha sendo alvo de especulação e que os altos valores negociados cairiam de uma hora para outra. Moral da história: o dinheiro saiu e rápido. Meu amigo cirurgião também perdeu, mas para ele cinquenta mil dólares eram o mesmo que nada. Aprendi que não posso e não devo investir em setores nos quais não tenha um mínimo de conhecimento.

É por isso que, nesta etapa da carreira, estou me preparando para me aposentar e me transformar em empresário em tempo integral. Tenho várias possibilidades abertas e estou avançando devagar e com cuidado em cada uma delas. Meu plano é lutar mais uns dois ou três anos e parar. Enquanto cuido do meu cartel (quero fechá-lo com chave de ouro), vou me antecipando, me preparando para quando a aposentadoria chegar. Toda pessoa deveria pensar nisso porque, daqui para frente, o ser humano vai viver mais. O código genético humano prevê a idade máxima de 120 anos. Quem duvida que vamos chegar lá?

Enquanto cuido do meu cartel (quero fechá-lo com chave de ouro), vou me antecipando, me preparando para quando a aposentadoria chegar. Toda pessoa deveria pensar nisso porque, daqui para frente, o ser humano vai viver mais.

Antigamente, uma pessoa de setenta anos era considerada velha. Passar dos oitenta era raro. Hoje, as pessoas de setenta estão por aí saindo, namorando, trabalhando. Meu pai tem essa idade e está ótimo. No entanto, muitos dos meus amigos já estão tendo de cuidar de seus pais e avós idosos. Isso envolve despesas com enfermeiras, médicos, remédios. A questão, então, é: para que viver tanto? O que fazer com esse tempo pela frente?

Nos Estados Unidos existe a preocupação de empregar os idosos. Em aeroportos, órgãos públicos e até na Disney você encontra idosos trabalhando em postos de informações ou em outras funções básicas, mas que os fazem se sentir úteis. No Brasil, infelizmente, ainda não existe essa cultura.

Meu pai e eu temos uma empresa de marketing esportivo, a Kyvida. O nome reúne as sílabas iniciais dos nomes dos meus três filhos: Kyara, Vitoria e Davi. É por essa empresa que realizo o agenciamento de atletas.

Também sou sócio de uma empresa de açaí, a Bony Açaí, em sociedade com meu amigo, o empresário paraense Bony Monteiro. O açaí é disponibilizado em latas e caixinhas em supermercados nos Estados Unidos, na Austrália, na Coreia do Sul e na Arábia Saudita. No Brasil, deve ser distribuído em todos os estados até o fim de 2012.

Paralelamente, ajudo o UFC, fazendo conexões com empresas brasileiras que possam patrocinar seus eventos no Brasil. O patrocínio da rede de televisão por assinatura Sky, por exemplo, surgiu por causa de uma ponte que fiz entre a diretoria e o Dana White — este sim, um grande homem de negócios. Quando os irmãos Fertitta estavam perdendo dinheiro e queriam vender o UFC, White os convenceu a persistir.

A minha mudança para Las Vegas tem a ver com essa nova etapa que está sendo desenhada. Aqui estou perto do UFC e, nos Estados Unidos, isso torna o processo mais fácil do que no Brasil. Mudar de casa e de país é sempre um risco. Mas eu sempre fui um cara desprendido. Para mim, a vida não tem limite. Tudo é possível para aquele que acredita. E quem acredita se antecipa.

Crença tem a ver com confiança e, mais que isso, com fé. Uma das coisas mais tristes que já ouvi foi a fala de um amigo que havia perdido a fé. As coisas não iam bem no trabalho, um emprego no qual ele estava havia vários anos. Tentou mudar e não conseguiu. Para completar, estava a procura de uma namorada, mas levava um fora atrás do outro. Eu repetia: "Ore e peça a Deus luz para que possa enxergar os caminhos para melhorar!" Um dia, ele revelou: "Vitor, o problema é que eu não consigo acreditar." Aquilo me deu uma grande tristeza. Nada pior do que perder a fé.

Lições e mais lições

Uma vez ouvi: "Se uma pessoa não tem mais nada, não tire dela a esperança." Acreditar nos alimenta e nos move. Quando tudo parece ir contra os nossos desejos, às vezes é preciso parar de se debater e se deixar levar pela correnteza, sem deixar de perguntar: "Deus, o que preciso aprender com isso?" As lições vêm de maneira branda, mas, quando não as enxergamos, vêm em forma de dificuldades. Repetem-se e repetem-se até que as aprendamos.

"Trato de aprender as lições que a vida me apresenta para que não se repitam mais." Li esta frase em um livro e trago dentro de mim. É uma lembrança contra o sofrimento inútil. Se algo não está funcionando, não vou dar murro em ponta de faca, vou mudar a minha atitude diante do problema. A força e a energia para isso vêm da crença que tenho em Deus, das minhas orações a ele.

Eu acredito em Deus e em sua bondade. Acredito que sou filho dele e digno de sua luz e bênçãos. Cumpro meu papel de cristão com alegria e reverência e, quando deito minha cabeça no travesseiro à noite, durmo um sono tranquilo. Minha consciência está em paz, estou em dia com o universo. Isso me traz felicidade e me dá coragem para me lançar sem medo em direção àquilo que amo e em que acredito.

Uma das melhores aventuras da minha vida foi mudar de casa e de país em 1995. Eu tinha dezessete anos e quase nenhum dinheiro. Mas tinha acabado de voltar de uma viagem ao Havaí e aos Estados Unidos, e vislumbrei uma oportunidade de tentar a sorte por lá. Foi assim: minha mãe teve um namorado brasileiro que morava no Havaí. Eles se conheceram no Rio de Janeiro, mas, em determinado momento, ele teve de voltar para casa. Ela, então, resolveu visitá-lo, levando Priscila e eu. Lembro que ela vendeu o carro para podermos fazer essa viagem.

Na volta para o Brasil, paramos alguns dias em Los Angeles, onde o namorado de minha mãe indicou um amigo para nos hospedar: Frederico Lapenda. Esse pernambucano arretado, por coincidência, trabalhava como produtor de eventos de artes marciais nos Estados Unidos. Mais tarde, tornou-se produtor de cinema e ganhou alguns prêmios.

Enquanto paramos na casa dele, contei que treinava para ser campeão e que meu professor desde os treze anos era Carlson Gracie, da famosa família de lutadores de jiu-jitsu brasileiro. Lapenda demonstrou entusiasmo em conhecer alguém da família Gracie, então, perguntei: "Se eu vier para cá e trouxer o meu treinador, você abriria uma academia para ele?" Frederico garantiu que sim e voltei para casa com aquela ideia fixa na cabeça.

De volta ao Rio de Janeiro, contei tudo ao Carlson Gracie e ele embarcou na minha. Era um cara desprendido, essa era uma grande qualidade dele. Os alunos da academia em Copacabana não gostaram: "Como vai largar todo mundo aqui, os faixas pretas?" Carlson pediu desculpas, mas, três meses depois, estávamos em Los Angeles. Algo que pesou nessa decisão foi o fato de que outros membros da família Gracie já haviam migrado antes para os Estados Unidos e Europa, e estavam se dando bem à frente de suas próprias academias no exterior.

Minha consciência está em paz, estou em dia com o universo. Isso me traz felicidade e me dá coragem para me lançar sem medo em direção àquilo que amo e em que acredito.

A oportunidade estava se anunciando. A experiência de quem foi antes de nós deixava claro que havia uma porta se abrindo cada vez mais para o jiu-jitsu brasileiro. Talvez fosse cômodo continuar no país, onde todos nos conheciam. Talvez fosse mais seguro. E é essa sensação de suposta segurança que, muitas vezes, bloqueia a nossa visão da estrada à frente. Naquele momento, era preciso que nos antecipássemos. Como um lutador que não espera receber um golpe para depois se defender, tínhamos a chance de tomar uma decisão e a iniciativa.

Meus pais juntaram dinheiro e pagaram as minhas passagens aéreas. As passagens de Carlson, assim como o aluguel da academia, foram custeados por Frederico Lapenda. Mas nosso acordo terminava ali. A partir da abertura da Carlson Gracie Academy, era nosso dever arranjar alunos e trabalhar para mantê-la.

Pensa que foi fácil? Não foi. Carlson não falava uma palavra em inglês, por isso eu tinha de estar à frente de tudo. Tampouco tínhamos dinheiro para alugar outro espaço para morar. Passamos a viver na academia. Dormíamos em cima dos tatames. Em certa época, a coisa ficou tão feia que não havia dinheiro nem para comida.

A situação ruim, porém, não tirava o nosso entusiasmo. Eu não ligava em dormir no chão, pelo contrário, fazia bem para a coluna. A companhia do Carlson era divertida, ele era como um pai para mim. Além disso, eu queria insistir um pouco mais na realização do sonho que nos levara até ali. Acreditava que, a qualquer momento, aconteceria algo bom, que mudaria tudo para melhor. Então, com criatividade, ia driblando as dificuldades.

A maneira de resolver a questão da comida, por exemplo, foi a seguinte: fiz amizade com os seguranças do supermercado do bairro, fingia que ia fazer compras, enchia o carrinho e fazia minha refeição ali mesmo: iogurte, pão, frios, salada, frutas e suco. Como atleta, eu precisava me alimentar bem. Depois, largava os restos no lixo e os meus amigos seguranças faziam vista grossa.

Nos intervalos dos treinos, eu saía nas ruas puxando papo com todo mundo. Falava bem inglês, tinha aprendido em cursos no Rio de Janeiro e, chegando a Los Angeles, melhorei bastante. Convidava as pessoas para conhecer a academia, chamava para uma aula grátis. Com o tempo, aprendi a trocar refeições por aulas e, assim, fui juntando algum dinheiro.

Nesse período, minha tia Cássia, irmã de minha mãe, resolveu nos visitar. É funcionária da Petrobrás, tem um cargo alto na empresa, e é quem mora com a minha mãe hoje no Rio de Janeiro. Tia Cássia ficou um pouco chocada com as condições em que vivíamos. Eu nunca comentava sobre isso com ela ou minha mãe nas nossas conversas por telefone, para não deixá-las preocupadas.

Para complicar, poucos dias antes de ela chegar, recebemos um desafio de uma gangue de lutadores de rua que andava naquela área. Os marginais ameaçaram invadir a academia naquela noite. Quando ouviu isso, minha tia ficou apavorada. Em dois tempos, arranjou um hotel e disse que só sairia dali se todos fôssemos com ela. Ponderamos que era o melhor a fazer e arrumamos nossas coisas.

Quando descemos para a rua e minha tia perguntou pelo meu carro, apontei a bicicleta. Fiz tia Cássia sentar no aro da bicicleta, como se faz no Rio de Janeiro. Os americanos nunca tinham visto aquilo, e lá fomos nós, pedalando até o hotel, cheios de mochilas e sacolas penduradas. Ela reservou um quarto para nós ao lado do dela e pagou do próprio bolso.

No dia seguinte, voltamos à academia e vimos que tinha sido mesmo invadida. Levaram todas as roupas que não pudemos carregar. Eu tinha uma coleção de tênis, levaram todos os pares. Não podíamos mais dormir ali. Demos um jeito de alugar um apartamento de quarto e sala, pequeno e apertado, e fizemos a nossa mudança. Carlson dormia no quarto e eu, na sala.

Cinema?

Quando a situação melhorou um pouco, consegui comprar um carro por 125 dólares. Era um modelo antigo, uma banheira que tinha um lado pintado e inteiro, o outro todo amassado. Então, já fartos de tanta dureza e planejando voltar ao Brasil, a oportunidade que tanto aguardávamos chegou. Conheci uma mulher na academia onde fazia musculação. Ela me contou que fazia *casting* para cinema e comentou: "Você é bonito. Conheço um produtor de cinema que pode se interessar em conhecê-lo. Se eu marcar um encontro, você vai?"

Claro que sim! Vinha esperando por uma chance como aquela havia meses. A reunião foi marcada e peguei um carro emprestado com meu amigo, para causar melhor impressão do que causaria com minha lata velha. Fomos juntos, Carlson e eu.

O endereço indicado era de uma mansão lindíssima e imensa em Beverly Hills. O produtor era John Peters, *self-made man* que começou a vida como cabeleireiro no pequeno salão de sua mãe e acabou se casando com a atriz e cantora Barbra Streisand. Isso lhe deu impulso e visibilidade suficientes para que, com recursos próprios, se tornasse um dos mais bem-sucedidos produtores de cinema de Hollywood. Para se ter uma ideia, ele é um dos produtores de *A cor púrpura*, *Flashdance*, *Batman I* e *Rain man*, entre outros sucessos de bilheteria.

Entramos naquele palácio e Peters veio nos receber como se já nos conhecesse há anos. Contou que havia tentado fazer negócios com Rikson Gracie, mas não tinha dado certo. Sem rodeios, disse que estava disposto a investir em mim e me transformar em um astro de filmes de ação à semelhança de Chuck Norris ou Steven Segall. Por fim, perguntou: "Como podemos fazer negócio com vocês?"

Saí de lá com um contrato assinado. E mais: eu não poderia mais viver em um quarto e sala, não era condizente com minha nova situação. Peters me levou através do jardim até uma pequena casa junto a um dos muros da mansão. Era a casa de hóspedes, onde eu poderia morar por tempo indefinido até nossa a parceria começar a dar frutos e eu ter condições de alugar um espaço só para mim. Ele ainda completou: "O meu motorista será seu motorista. Basta pedir e ele o levará aonde quiser." Assim, Carlson ficou morando no apartamento, e eu me mudei para a mansão.

Da noite para o dia, passei a comer salmão defumado. Peters contratou um professor de boxe famoso para mim. Eu treinava, dormia, descansava. Tornei-me amigo das cozinheiras, que me tratavam superbem. John Peters estava separado de Barbra Streisand e namorava a linda atriz escocesa Catherine Zeta-Jones, que era solteira e desconhecida na época. Ela tocava violão muito bem e fazia serenatas para a gente no jardim da mansão. Catherine é excelente cantora e não teve muita oportunidade de mostrar isso no cinema, a não ser no musical *Chicago* (2002), em que aparece cantando e dançando.

Anos depois, eu estava almoçando com Peters — mantemos contato até hoje — em um restaurante em Los Angeles e fui ao banheiro. No caminho, esbarrei com Catherine. Ela me abraçou e cumprimentou: "Parabéns, seu esporte cresceu muito. O que você está fazendo aqui?" Respondi que, por coincidência, estava almoçando com John Peters. Ela declinou educadamente o convite para ir até a mesa falar com o ex-namorado e me levou para conhecer o marido, Michael Douglas, muito simpático.

Da noite para o dia, passei a comer salmão defumado. Peters contratou um professor de boxe famoso para mim. Eu treinava, dormia, descansava. Tornei-me amigo das cozinheiras, que me tratavam superbem.

Esse foi um período delicioso e divertido na minha vida. Após passar tantas dificuldades, pude ter um descanso. Melhor que isso, um descanso com abundância.

Felicidade à frente

Eu poderia ter perdido a oportunidade se não tivesse olhado para além do que estava diante de mim, ou seja, as dificuldades. O olhar de antecipação ultrapassa as circunstâncias. Quando os obstáculos parecem difíceis de transpor, a atitude mais cômoda é a de parar ali mesmo, achando que o problema nunca vai acabar. Esse é um grande erro. O caso que vou narrar ilustra isso.

Uma grande amiga, casada pela segunda vez com um homem que realmente amava, pouco após o nascimento da primeira filha, teve a má notícia de que o marido estava condenado a morrer, vítima de uma doença degenerativa. Não qualquer doença, mas aquela terrível em que os músculos vão parando aos poucos de funcionar até que a pessoa não tem mais forças nem para respirar. Esse homem, ao fim de três anos, era um fiapo em uma cadeira de rodas. Na última vez em que o vi, fui me despedir com um abraço e ouvi baixinho junto ao ouvido: "*Tô* um morto-vivo." Nunca vou me esquecer disso.

Vieram a morte, o funeral, o luto. Essa amiga era minha vizinha no Leblon, e sempre nos encontrávamos na rua. Às vezes nos acenávamos de longe, em outras parávamos para um breve papo. Passados uns dois anos, eu a vi caminhando de mãos dadas com outro rapaz. Fiquei contente por ela. Em outra oportunidade em que nos encontramos, comentei que a tinha visto feliz, namorando, e ela disse algo que tampouco esqueci: "As pessoas têm mania de dizer: 'O que é bom acaba.' Mas o que é ruim também acaba!"

A felicidade é algo tão almejado, mas também pode ser temido. Porque o medo de perdê-la pode suplantar o desejo de tê-la. Isso não pode acontecer. Eu sempre acreditei que mereço ser feliz. Se não estou feliz, é minha responsabilidade fazer algo para recuperar a felicidade, porque ela está disponível para todos. Deveria ser o estado natural do ser humano.

Quem acredita no purgatório diz que ele é aqui, mas acredito que o paraíso também possa ser aqui. Eu busco, encontro e cultivo o meu paraíso. Isso não quer dizer viver em um mar de rosas, mas lidar com as situações de forma positiva, sem estresse, sem drama. É possível ser feliz, sim.

A felicidade é algo tão almejado, mas também pode ser temido. Porque o medo de perdê-la pode suplantar o desejo de tê-la. Isso não pode acontecer. Eu sempre acreditei que mereço ser feliz. Se não estou feliz, é minha responsabilidade fazer algo para recuperar a felicidade porque ela está disponível para todos.

Nunca tive medo da felicidade ou de demonstrar felicidade. Muita gente evita demonstrar ou compartilhar com os outros as coisas boas que lhe acontecem por medo da inveja e do ataque dos outros. A inveja é, sim, uma energia destrutiva poderosa, mas quem tem fé e está conectado com Deus não tem o que temer. Com um pouco de discernimento é possível identificar o invejoso. Daí, basta dar limite a ele, tratando-o com educação, mas sem compartilhar nada. O invejoso vive da energia do outro. A punição para ele é cortar toda e qualquer informação que possa alimentá-lo.

As minhas conquistas e alegrias eu compartilho com a minha família e os meus amigos sem qualquer reserva. Na hora de ser feliz, vamos rir e rejubilar, comemorar e festejar. Na hora da dor, vamos chorar e refletir. Tudo passa.

Assim é o que nos fala o seguinte conto: Era uma vez um jovem rei que foi presenteado com um anel mágico dado por um sábio. A joia possuía um pequeno compartimento no qual havia algo guardado. Ao entregá-lo ao rei, o sábio disse: "O poder deste anel é capaz de salvá-lo da morte. Mas só funciona uma vez, de modo que só deverá ser aberto em caso de extremo perigo." O rei agradeceu e seguiu com a vida.

Várias vezes esteve a ponto de abrir o anel. Em meio a uma caçada, quando estava imobilizado embaixo de um leão, estendeu a mão para abrir o anel, mas, no último segundo, um de seus soldados acertou a fera com uma flecha e ela morreu. Outra vez, encurralado pelo exército inimigo à beira de um precipício, estava para abrir o anel quando suas tropas chegaram e o salvaram. Assim, diversas situações extremas se sucederam, como acontece na vida de toda pessoa, até que o rei ficou velhinho.

Um dia, enquanto observava o entardecer e refletia sobre o quanto tinha sido rica a sua vida, lembrou-se de que nunca havia aberto o anel. Como tudo ia bem no reino e seus dias estavam perto de terminar, decidiu abri-lo. Dentro estava escrito: "Isto também passará."

Por isso, é preciso aceitar e agradecer a Deus por todas as experiências que formam a nossa vida, até mesmo as más. Isso é um grande desafio para o ser humano: como ser grato quando algo ruim lhe acontece? Tem de confiar em Deus e acreditar que nenhuma formiga dá um passo sobre a Terra sem a permissão dele. Deus é como o sol. O tempo pode estar nublado, mas ele continua lá, firme.

O *WAVER* PERDIDO

Apesar da boa vida que Peters me proporcionava, não esqueci do Carlson. Ele era o meu treinador oficial e nosso relacionamento era rico e intenso. Vivemos momentos muito engraçados; alguns foram tragicômicos. Em um desses episódios, ficou clara a importância de saber se antecipar. Foi o caso do *waver* perdido.

Waver é um documento que o lutador assina, assumindo a responsabilidade pelos machucados que pode sofrer durante a luta. Certo dia, um homem entrou na academia do Carlson, em Los Angeles, e me desafiou para uma disputa. Ele assinou um *waver*, nós lutamos e eu ganhei. Uma ou duas semanas depois, recebi uma notificação da justiça norte-americana: o cara havia se machucado e estava movendo um processo contra nós. Num primeiro momento, ficamos apreensivos, mas depois lembramos: "Temos o *waver*!" Mas quem disse que conseguíamos encontrar o papel?

Procura daqui, procura dali, comecei a provocar:

— Tá vendo no que dá não ser organizado? Vamos ser deportados de macacão laranja.

Laranja é a cor dos uniformes dos réus condenados nos Estados Unidos. Carlson começou a ficar nervoso.

— O culpado é você, não eu — me acusava.

Eu não estava tão preocupado. Resolvi tirar onda com ele, dizendo que o responsável era o dono da academia onde houve a luta. E lembrava:

— De macacão laranja!

No dia da audiência em uma vara pública, ele estava uma pilha de nervos. Juntando-se a isso a dificuldade com o inglês, qualquer coisa que o juiz falava, ele apontava para mim e gritava: "Jail, jail!" ("Cadeia, cadeia!") Logo no início entendi que aquilo não era um julgamento, apenas uma audiência para o magistrado tomar conhecimento do caso e marcar uma data. Entre essa audiência e o julgamento de fato, achamos o bendito *waver* e tudo se resolveu.

Ali estava um exemplo típico de que a antecipação pode fazer toda a diferença do mundo. Em determinado momento, antevendo uma complicação judicial, exigimos que o homem que me desafiou assinasse o *waver*. Aquele documento impediu que enfrentássemos uma grande dificuldade. Entenda o mecanismo: a dificuldade ainda não existia quando o homem entrou na academia querendo lutar comigo, nem durante a luta. Poderíamos ter nos descuidado, baixado a guarda e ignorado o bom senso. Mas a prudência indicava que devíamos nos antecipar.

Esse princípio vale para todas as atividades da vida. Não vou me aprofundar demais nos exemplos, até para evitar que soe repetitivo, mas pense em alguns casos e veja com qual deles você se identifica. E não se preocupe se nenhum deles tem a ver com alguma experiência em sua vida. Você certamente já passou por alguma situação minimamente semelhante.

Na vida profissional

Imagine o executivo de uma corretora de investimentos responsável pela escolha da carteira de ações de seus clientes. Ele acompanha os movimentos da Bolsa de Valores, o noticiário econômico, as informações sobre as empresas cujas ações compra e vende. O que o torna um profissional de destaque não são as atividades corriqueiras, iguais às dos outros executivos que exercem a mesma função. Ele se distingue por se antecipar aos demais, tanto na hora de comprar as ações de uma empresa que vai se valorizar muito no futuro quanto na hora de vender as ações de outra empresa que, quando a maioria das pessoas menos esperar, vai entrar em crise e perder valor.

Na vida familiar

Pense na mulher que, antevendo a dificuldade que o filho vai enfrentar se continuar envolvido com uma turma não muito recomendável de amigos, toma as providências necessárias para conversar com ele, aconselhá-lo com sabedoria e afastá-lo das más companhias. Ou o homem que, diante da fragilidade dos empregos hoje em dia, guarda uma reserva para que uma eventual demissão não signifique passar necessidade até achar outro trabalho.

Na vida amorosa

Você deve ter perdido a conta de quantas pessoas já conheceu que, mesmo com todos os sinais de que um relacionamento não daria certo, insistem em não enxergar e acabam sofrendo com crises conjugais ou mesmo separações lá na frente. Se antecipar, nesse caso, é olhar para as dificuldades atuais ainda durante o namoro e concluir se aquele relacionamento tem futuro ou não.

Na vida corporativa

Sabe por que as montadoras asiáticas cresceram tanto no mercado automobilístico? Porque se anteciparam às crises pelas quais as tradicionais montadoras norte-americanas iriam passar. Elas otimizaram seus processos, embarcaram mais tecnologia aos automóveis, descobriram maneiras de melhorar a qualidade sem aumentar custos. Não se acomodaram nem ficaram esperando um golpe para passar a agir.

Se eu quisesse ampliar a lista de exemplos de benefícios proporcionados pela capacidade de antecipação, provavelmente teria de escrever algumas dezenas de livros, mas creio que não é mais necessário. Você certamente já entendeu o princípio.

Capítulo 7

Base invertida

Em meio a todas as minhas tentativas de acertar na vida, quando algo não estava indo bem, eu mudava a direção. Isso foi bom porque conheci muita gente e fiz muitos contatos. Nunca tive medo de mudar. Tem gente que não se arrisca por temer a perda daquilo que conquistou e por achar que pode piorar. Mas, às vezes, precisamos dar dois passos para trás para avançar cinco em seguida.

Mudar assusta, mas acredito que não adianta resistir às mudanças quando são necessárias. É como um pássaro que fica parado em um galho com medo de voar. O tempo passa, vem uma ventania e quebra o galho — e então ele é obrigado a voar, queira ou não. Melhor tomar coragem e mudar por livre e espontânea vontade do que à força, pois é mais dolorido.

Quando fui lutar no Pride, os organizadores determinaram que eu deveria emagrecer dez quilos em pouco tempo. Perdi a luta. Depois lutei contra Dan Anderson e perdi novamente. Meu patrocinador veio conversar comigo: "Você gosta mesmo de fazer isso? Quer continuar? Porque vi que não lutou para ganhar, lutou para não perder."

Esse papo me fez lembrar que não dá para entrar nas coisas pela metade, fazendo o suficiente. Tem de entrar com tudo, inteiro. Caso contrário, você perde. O cara que ganhou essa luta disputou o cinturão. Eu perdi a oportunidade.

Determinei para mim mesmo que era hora de mudar e assim o fiz. Eu vejo o erro e mudo. Não adianta ficar me martirizando. Mudar de atitude é o primeiro passo para mudar o resultado. Isso sempre envolve sacrifícios.

A maioria das pessoas não quer abrir mão de certas coisas e resolve temporariamente os problemas, sem cortar o mal pela raiz. Não custa lembrar a história de Davi e Golias, na Bíblia: quando o menino atira a pedra, o gigante apenas desmaia. Ele, então, pega a espada do inimigo e corta a cabeça dele.

Quando uma pessoa pede dinheiro para comer, ela precisa de um sanduíche ou de um emprego para sair da mendicância? O mesmo vale para quem quer parar de fumar ou emagrecer. Não adianta fumar três cigarros por dia ou comer um hambúrguer por semana. Quando tiver de tomar uma atitude, tome. Não fique rodeando o problema, é perda de tempo e de energia.

Mudar assusta, mas acredito que não adianta resistir às mudanças quando são necessárias [...] Melhor tomar coragem e mudar por livre e espontânea vontade do que à força, pois é mais dolorido.

Infelizmente, muitas mudanças acontecem de forma dolorida. O bondinho de Santa Teresa, que em agosto de 2011 se chocou com um muro em uma curva, causando morte e ferimentos em várias pessoas, precisava de manutenção. Todos sabiam disso; era, inclusive, divulgado pela mídia. Após o acidente, os bondes foram tirados de circulação e vão retornar mais modernos, à semelhança dos que circulam em Lisboa, Portugal.

Por outro lado, recentemente houve uma mudança positiva, que não precisou de uma tragédia para acontecer. O Aterro Metropolitano de Jardim Gramacho, em Duque de Caxias, foi desativado antes que a pilha de lixo, que já alcançava o quíntuplo do tamanho permitido, desabasse para dentro da Baía de Guanabara, causando um gigantesco desastre ambiental.

É verdade que essa mudança teve uma mãozinha do Vik Muniz, artista plástico brasileiro que faz sucesso nos Estados Unidos. Ele fez um documentário chamado *Lixo extraordinário* (2010), em que mostra o dia a dia das pessoas do lixão, revelando uma realidade que a maioria desconhece.

Fico comovido quando vejo uma pessoa querendo mudar, disposta a isso, consciente de que o que ela tem já não serve ou não basta. Recentemente, um amigo compartilhou comigo o desejo de mudar. "Por que as coisas não estão dando certo? O que é preciso fazer para que deem certo?" Esses questionamentos são um primeiro sinal, louvável, da consciência de que não é o mundo que está errado, mas talvez nós é que precisemos nos moldar e nos adaptar a ele.

A minha tia Cássia é um exemplo para mim. Ela era madrinha da minha irmã e costumava dizer: "Quando você crescer, tudo que eu tiver, vai ser seu." Um dia ela se tornou cristã e começou a levar minha mãe à igreja. Jovita sempre se envolveu com várias religiões. Em certa época, mantinha em casa um altar budista com frutas. Quando ela saía para trabalhar, eu pegava as frutas e atirava no prédio ao lado. Como os edifícios são muito próximos na Selva de Pedra, os moleques faziam guerra de papel higiênico molhado pelas janelas. Volta e meia, eu mandava frutas variadas e recebia de volta tomates.

Graças a minha tia, minha mãe se converteu. E todo mundo lá em casa foi, aos poucos, se convertendo. Tia Cássia teve um papel muito importante. Mudou primeiro ela mesma e depois, suavemente, todos à sua volta. Ela não tinha a pretensão de salvar nossa alma ou coisa parecida. Anos mais tarde, conversamos sobre isso, e ela revelou: "Vitor, eu tinha uma meta: eu e a minha família serviríamos ao Senhor."

A conversão a Deus, que significa uma mudança de coração e atitude em relação a Ele, é diária. Todos os dias temos a oportunidade de mudar a direção da nossa vida. Hoje a minha tia vê a família que tenho, o homem que sou. Foi por tia Cássia que conheci Jesus, antes mesmo de encontrar o Dan, que me disse, certa vez: "É possível melhorar o mundo, mas tem de começar por você."

Hora certa para mudar

As coisas iam bem entre mim e John Peters até que ele resolveu dar um jantar especial para me apresentar a uma mulher bem mais velha, muito rica, com o intuito de que namorássemos. Na noite do jantar, meu pai estava presente, tinha ido me visitar. Eu olhava o rosto da americana, era até bonita, mas eu não sabia o que dizer, como me comportar. Ela tinha idade para ser minha mãe!

No dia seguinte à festa, chamei John para conversar:

— Sei que você está investindo em mim, mas não posso namorar a sua amiga. Não sinto nada por ela. E tem mais... — fiz uma pausa antes da revelação bombástica — ...estou tendo um romance com a sua secretária.

Era verdade. A secretária era simples e simpática, uma boa moça. Peters quase caiu para trás. Disse que eu estava cego, que a garota não tinha um tostão. Reafirmou seus planos para mim:

— Quero fazer de você um astro, terá vida longa, vai brilhar, fazer carreira no cinema, será o novo Jean-Claude Van Damme!

Entendi que ele tinha essa vivência. Ele se casou com a Barbra Streisand, que o ajudou na carreira. Agora queria me direcionar como direcionou a vida dele, que deu certo — dentro de seus parâmetros. Não me senti nem um pouco tentado porque nunca quis ser astro de Hollywood. Respondi com sinceridade:

— O meu sonho é namorar, casar e ter filhos.

Peters desabou.

Fui fiel ao meu coração. O meu sonho era esse mesmo, ter o que tenho hoje: harmonia dentro de casa, junto da minha esposa, Joana Prado Belfort, e meus filhos, Davi Belfort, Vitoria Belfort e Kyara Belfort. Eles são a minha riqueza. Eu não seria feliz casado com uma mulher milionária, morando em uma mansão em Beverly Hills. Foi isso o que estabeleci para mim. É a lei da determinação. Ir contra o que o nosso coração indica é sinônimo de infelicidade. A pessoa pode achar que está fazendo um grande negócio, mas não está. Lá na frente, Deus vai cobrar a conta.

Isso evidencia outra verdade relacionada às mudanças: é necessário ter sensibilidade para entender a hora certa de mudar. A mudança por si, gratuita, apenas por incômodo com a circunstância atual, pode ser um desastre. Nesses casos, os resultados nunca são os esperados. Há pessoas que se encantam com a ideia de mudar, como se isso resolvesse todos os problemas do mundo. É uma ilusão.

Quando estou no octógono, levo para lá uma estratégia. Semanas antes da luta, começo a estudar meu adversário e a definir uma forma de combatê-lo. Se inicio o embate e percebo que minha estratégia está funcionando, não tenho motivos para mudar. Mas fico atento o tempo inteiro, pois o outro lutador não é bobo. Ele também é capaz de mudar sua maneira de lutar caso perceba que não está se saindo bem. E, se fizer isso, preciso estar alerta. Se for necessário, também vou mudar para manter minha vantagem e surpreender o adversário. Mas só farei isso se for preciso.

É necessário ter sensibilidade para entender a hora certa de mudar. A mudança por si, gratuita, apenas por incômodo com a circunstância atual, pode ser um desastre. Nesses casos, os resultados nunca são os esperados.

Uma amiga da Joana, em época de vestibular, passou o ano inteiro sofrendo, em dúvida com relação a qual profissão seguir. A família não fazia qualquer cobrança ou pressão, e concluímos que isso lhe causava ainda mais angústia e pressão interna, pois recaía sobre ela a total responsabilidade pela escolha da carreira. Para a Joana, estava claro que aquela menina queria ser jornalista, pois desde pequena gostava de escrever. Mas, como os jornalistas infelizmente não são bem remunerados, ela se debatia contra a ideia repetindo: "Não quero ser pobre."

Ao fim de um ano, ela acabou escolhendo mesmo jornalismo, entrou na faculdade e adorou o curso. Para que isso acontecesse, foi decisiva uma conversa com a coordenadora do colégio onde ela estudava, que conseguiu convencê-la de que seria mais fácil conseguir ganhar dinheiro fazendo algo de que gostasse, independentemente do que fosse.

Encruzilhada

Dizem que dinheiro não traz felicidade, mas ninguém nega que contribui bastante o fato de a pessoa não ter preocupações financeiras. Mas o dinheiro ajuda só até certo ponto, porque, quando alguém está doente ou solitário, ele não pode comprar saúde ou amigos. E, principalmente, dinheiro não compra amor. Mas não adiantaria dizer isso a John Peters, pois ele também era firme em suas convicções.

Poucos meses após aquele primeiro choque e a dura constatação das nossas diferentes maneiras de pensar, chegamos a outra encruzilhada. Peters queria que eu largasse o Carlson e passasse a treinar somente com os profissionais indicados por ele. Seria outra mudança que eu não queria nem precisava fazer. Mais uma vez, fui firme: "Meu sonho é ser campeão do UFC tendo Carlson como meu treinador." Foi o ponto final. John mandou-me pegar as minhas coisas e voltar a morar na academia. Fiz exatamente o que ele mandou sem qualquer pesar no coração.

É claro que não foi agradável voltar a dormir no tatame após desfrutar do luxo em Beverly Hills. Mas a minha consciência estava tranquila, e logo chegou a confirmação de que eu não estava errado: veio a primeira luta em Honolulu, e as coisas melhoraram para nós. Fiz um monte de amigos, ganhei até dinheiro. O promotor do evento queria me pagar uma mixaria pela luta, mas negociei: "Se eu perder, você não me deve nada. Mas, se eu vencer, quero 10 mil dólares." Não havia contrato, mas o acerto foi cumprido.

De volta a Los Angeles, após a vitória no Havaí, aproveitei os contatos que havia feito com Shaquille O'Neal e com os jogadores do Lakers e passei a frequentar festas. Não ia porque gostava, mas para arranjar alunos. Em uma dessas festas, conheci o ator Mickey Rourke. Dava aulas particulares para ele e ganhava bem. Às vezes, ele me levava para jantar, batíamos papo. Em uma luta recente, ele foi me assistir e depois veio ao vestiário me cumprimentar. É meu amigo. Mas a vida em Hollywood não é fácil e mexeu muito com a cabeça dele. Começou a fazer cirurgias plásticas para acertar uma imperfeição aqui e ali, e não parou mais. Por isso o rosto dele mudou tanto.

Uma das coisas mais importantes na constituição da estrutura do ser humano é a autoestima. Gostar de si. Para gostar de nós mesmos é preciso, antes, se sentir gostado. O amor e a atenção fazem com que a pessoa se sinta melhor e mais forte. Quando a autoestima é fraca, viver pode se tornar bem complicado.

Não conheço o passado de Mickey, mas conheço uma moça brasileira, amiga da nossa família, com história muito semelhante à dele. Essa menina teve uma infância muito dura como filha adotiva de uma senhora que a espancava. Ela cresceu e se transformou em uma mulher linda. Tanto que foi trabalhar como modelo. No entanto, da mesma forma que Rourke, nunca estava satisfeita com a própria aparência e começou a fazer plásticas — para afinar o nariz, puxar os olhos... —, cada hora era uma coisinha, até que resolveu colocar silicone nas maçãs do rosto. O produto foi rejeitado pelo organismo e teve de ser retirado após alguns meses. O lindo rosto daquela moça ficou completamente diferente.

A beleza dessa história é que, na caminhada para recuperar a fisionomia (e desenvolver alguma autoestima), ela entrou para uma faculdade de dança e descobriu muito a respeito do próprio corpo, de como funcionava, de quanto merecia cuidado e carinho. De alguma forma, aquela mulher aprendeu a dar amor a si mesma e mudou o rumo da própria vida. Hoje ela está casada e feliz.

A autoestima está ligada ao senso de merecimento. Alguém que gosta de si também é capaz de acreditar que mereça coisas boas. Quando a autoestima é baixa, os maiores presentes podem chegar às mãos das pessoas, mas elas simplesmente não sabem o que fazer com eles. Podem jogar fora ou até destruí-los.

O esporte ajudou muito a fortalecer a minha autoestima. Me deu noções de cuidado com o corpo, tive de aprender a me alimentar bem, ter disciplina, não dormir tarde, acordar cedo. Uma vida saudável nos ajuda a ter disposição para enfrentá-la.

Por isso, sempre que a vida me acenou com brilhos falsos, tive discernimento para decidir que aquilo não servia para mim, que eu merecia algo melhor e, principalmente, que tinha condições de batalhar por isso.

Alguém que gosta de si também é capaz de acreditar que mereça coisas boas. Quando a autoestima é baixa, os maiores presentes podem chegar às mãos das pessoas, mas elas simplesmente não sabem o que fazer com eles. Podem jogar fora ou até destruí-los.

Logo após ter sido batizado por João Batista no rio Jordão, Jesus passou quarenta dias no deserto se preparando para a missão que o esperava. Passou esse tempo orando, jejuando e em profundo contato com o Pai. Foi aí que o diabo o tentou com coisas simples: a saciedade da fome, o desejo de poder e riqueza, de querer ser superior a tudo e a todos — sentimentos comuns a todos nós, seres humanos. Esses desejos nem sempre são ilícitos, mas a linha que separa o bem do mal é, às vezes, tão delicada que não a percebemos.

Quando a mudança se faz necessária, ela precisa ser acompanhada de bom senso e norteada por valores. Não há mudança positiva sem ética. Ela é que garante as razões certas para mudar.

Isso ficou claro quando um aluno da academia me procurou dizendo que seu primo e um grupo de amigos gostariam de organizar uma luta no bairro em que moravam. Sugeriu que eu organizasse a luta, que cobrássemos ingresso e dividíssemos o lucro. Fiquei meio em dúvida, mas ele me convidou a conhecer o tal primo e aceitei. Por que não?

Partimos para South Los Angeles em uma noite chuvosa. As ruas estavam vazias e as luzes se refletiam no asfalto molhado. Reconheci aquelas imagens e pensei distraído: "Já vi isso em algum filme antes..." Aí me deu um *estalo*: tinha visto aquelas ruas em *Colors, as cores da violência*, filme da década de 1980 sobre gangues de rua às voltas com tráfico de entorpecentes. Comentei com meu aluno e ele confirmou: "Sim, aqui foi filmado *Colors*, esta é uma área de gangues. Mas fique tranquilo, porque eu nasci e fui criado aqui."

Comecei a me sentir desconfortável. Perguntei ao meu aluno qual era a profissão do primo dele e me respondeu: "Importação e exportação." Chegando à casa do primo, me senti transportado para dentro de *Colors*. A porta foi aberta por um homem enorme com grossas correntes douradas em volta do pescoço. Atrás dele, uma mulher gorda de camisola assistia à tevê, deitada no sofá. Para completar o cenário, dois cães da raça pitbull avançaram em minha direção, mas enfiaram o rabo entre as pernas ao ouvirem um rosnado do seu dono.

Fui convidado a me sentar e íamos começar a conversa quando alguém tocou a campainha. Meu aluno e seu primo saíram para a rua e eu fiquei ali, sentado, observando pela janela. Vários caras se aproximaram da casa, tudo muito estranho. Ouvi um barulho nos fundos e pensei: "Quando começar o tiroteio, serei o primeiro a morrer. Para onde vou fugir?"

Pela janela, vi o primo abrir o porta-malas de um carro e começou o movimento de compra e venda de drogas. Tomei coragem e fui lá fora. Meu aluno disse para eu ficar tranquilo, não corríamos perigo porque o seu primo tinha um acerto com a polícia. Ele me pediu desculpas, não imaginava que houvesse negociação justamente na hora da nossa visita. E completou: "Meu primo me empresta dinheiro. É com essa grana que eu pago as suas aulas particulares. Você não está precisando de dinheiro? Por isso, trouxe você aqui." Agradeci, mas disse que daquele jeito não iria *rolar* luta, não iria *rolar* nada. Pedi para ir embora.

Durante algum tempo, fui um conselheiro para esse garoto. Ele pagava sempre em *cash*, mas eu recusava, dizendo: "Não quero mais dinheiro do tráfico. Não vou mais aceitar." Tentei fazê-lo enxergar que não valia a pena continuar naquele caminho, que não é possível ser feliz trabalhando com um negócio que depende da escravidão da alma dos outros, que está ligado a crime, mortes e assassinatos. E tem mais: acredito que todo dinheiro que entra de forma ilícita vai embora rapidamente. E não paga um dos bens mais caros ao ser humano: a liberdade.

Aquele rapaz ainda fez algumas aulas, mas depois parou. Ele até me escutava, mas não me parecia disposto a mudar. Infelizmente, nem todo mundo está disposto a pagar o preço da mudança, pois requer abandonar hábitos e até amizades.

Uma das maiores dificuldades dos dependentes de drogas é romper com o círculo de amigos que também usam substâncias ilícitas. Isso fica evidente no excelente filme *Traisnpotting — Sem limites* (1996), no qual o protagonista, a cada vez que consegue largar o vício em heroína, muda de cidade, arranja trabalho e consegue se virar até que reaparece um amigo dos tempos de vício e o ciclo recomeça. Isso acontece pelo menos duas vezes ao longo do filme.

Dívida emocional

A vida muitas vezes requer o uso da base invertida, mas a maioria prefere manter a rota por conveniência ou comodismo, e isso pode ser sua ruína.

Essa temporada nos Estados Unidos durou três anos. Ao fim desse período, o MMA começou a crescer no Brasil, e decidi regressar ao meu país. De volta ao Rio de Janeiro, novas reviravoltas me aguardavam, mas eu ainda não sabia.

Uma delas foi meu rompimento com Carlson Gracie. Chegou um momento em que ele não queria mais me treinar. Parecia não estar interessado. Eu lhe telefonava para irmos à academia e ele dizia: “Vá na frente que eu já vou”, e demorava horas para chegar. Quando isso virou rotina, o chamei para uma conversa franca: “Para eu pagar uma porcentagem dos meus ganhos, como é o nosso acordo, você precisa me treinar.” Mas não teve efeito e nos afastamos.

Carlson ficou ressentido e cortou relações comigo. Na última vez em que falamos ao telefone, eu disse:

— Peço perdão se magoei você. Quero que saiba o quanto foi importante para mim, da mesma forma que fui importante para você. Eu amo você. Mesmo não estando ao seu lado, não trabalhando junto, eu amo você.

Ele finalmente baixou a guarda:

— Está bem, eu perdoo você, mas não perdoo Fulano e Beltrano...

Alguns meses depois, teve um câncer fulminante e morreu rápido. Não aceitou tratamento.

Carlson teve um batalhão de alunos, mas acabou perdendo todos. Em vez de procurar entender por que as pessoas estavam se afastando, passou a se achar injustiçado e incompreendido. Outra característica da sua personalidade é que não perdoava ninguém. Tudo isso criou dentro dele uma imensa dívida emocional com os outros.

A pior dívida que alguém pode ter é a emocional, porque aquilo fica preso dentro da pessoa, tirando a paz, criando doença. A dívida emocional são os relacionamentos mal resolvidos, as palavras não ditas, o perdão engasgado, o rancor e o ressentimento. A palavra "ressentimento" já diz tudo: *re-sentir*. Sentir várias vezes a mesma coisa, ficar batendo na mesma tecla do piano. Ninguém aguenta um som insistente, monocórdio e repetitivo. Nem nós.

Para exterminar a dívida emocional é necessário ter humildade. Isso nada tem a ver com se humilhar, que dá a ideia de rastejar, insistir no perdão mesmo que o outro despreze você. Humildade é abrir mão do orgulho e do egoísmo para reconhecer seus erros e pedir desculpas. Ou, no mínimo, ter uma conversa franca com os envolvidos.

Em um relacionamento verdadeiro, eu posso falar qualquer coisa e esperar uma resposta sincera, mesmo que me cause desconforto. Eu escuto, trago para dentro de mim, faço uma reflexão e devolvo minhas considerações. Isso é diálogo, sem brigas nem discussão. São duas pessoas adultas e maduras conversando e abrindo o coração.

Para exterminar a dívida emocional é necessário ter humildade. Isso nada tem a ver com se humilhar, que dá a ideia de rastejar, insistir no perdão mesmo que o outro despreze você. Humildade é abrir mão do orgulho e do egoísmo para reconhecer seus erros e pedir desculpas.

Uma pena que nem todo mundo esteja disposto a tanto. Por isso, desacordos se tornam desavenças, mal-entendidos viram mágoas, opiniões se transformam em ofensas. No caso de desentendimentos entre países, isso pode causar até uma guerra. Se os chefes de Estado fossem abertos ao diálogo, o mundo teria mais paz.

Vamos exterminar as nossas dívidas emocionais. Vale a pena descer do pedestal do orgulho e tomar a iniciativa. Não espere que o outro se aproxime. Se ele quiser, poderá ficar com a dívida para si. Ocupe-se em fazer a sua parte porque isso funciona como um cabo de guerra: uma vez que um dos lados solta uma ponta da corda, não faz sentido o outro ficar segurando.

Capítulo 8

Takedown

Takedown é como chamamos a queda no MMA. O lutador faz tudo para se manter de pé, mas, quando dá uma bobeada, o adversário o derruba e daí fica muito mais fácil finalizar com manobras de estrangulamento ou torção. O lance, portanto, é manter-se de pé. Mas as escorregadas são inevitáveis, e eventualmente a gente cai. Daí, para se levantar dá muito mais trabalho.

Voltei ao Brasil com a firme intenção de investir na minha carreira como lutador de MMA e, mais que isso, trabalhar para melhorar a imagem do esporte no país. Contei com o apoio da minha família nisso, e eles tiveram iniciativas ótimas. Contratamos uma assessoria de imprensa e criamos um projeto social na Cruzada de São Sebastião, conjunto habitacional de baixa renda próximo ao Selva de Pedra. Eu e outros atletas dávamos aulas de graça na escola pública dentro da comunidade. Para participar, bastava frequentar o colégio. Periodicamente promovíamos apresentações para os pais, e essas eram ocasiões de muita alegria para todos os envolvidos. Isso aconteceu na época em que ninguém falava em projetos sociais. Depois, houve uma explosão de ONGs.

Eu era amigo do Gustavo Kuerten. Volta e meia também encontrava o Zico no clube do Flamengo. Eles tinham um retorno imenso do público e da mídia. Eu os admirava e pensava: "Quando o meu esporte será aceito? Quando teremos uma imagem bacana, um retorno bacana, bons patrocinadores e atletas de alto nível?" Nas ocasiões em que eu expunha esses questionamentos, nunca faltava gente para me botar para baixo: "Você escolheu o esporte errado, não vai dar certo nunca."

Certa vez, um executivo norte-americano sugeriu que, se eu virasse *boxer*, conseguiria que a Rede Globo exibisse uma luta minha. "Boxe dá para passar na Globo", ele disse. "MMA nunca vai passar na Globo." Respondi que só aceitaria se a luta pudesse ser mista, boxe e MMA. Ele não topou. Ao mesmo tempo, os lutadores continuavam aprontando confusões em boates e a opinião pública se voltava contra eles.

Apesar da firme crença em meus propósitos, chegou um ponto em que as dificuldades e decepções foram lentamente me afetando. A nossa subconsciência, muitas vezes, nos trai. Ela guia a nossa consciência. Nela, moram os sabotadores, os traumas, os medos, a recordação dos desgostos da vida. E essas coisas têm o poder de nos derrubar.

Sabotadores são mecanismos internos tão arraigados em nossa personalidade que não nos damos conta deles. São, literalmente, estraga-prazeres. Quando estamos bem e felizes em nossa trajetória, lá vem o sabotador acabar com a festa. Isso normalmente tem a ver com falta de permissão ou apoio dos pais para dar sequência aos nossos sonhos e projetos.

O sabotador se manifesta nas nossas reações, nas coisas que fazemos sem perceber, e quando abrimos os olhos, o estrago está feito. Um amigo meu tinha esse problema: toda vez que algo estava dando certo em sua vida, ele mudava. Eu não entendia o motivo. Ele tinha sempre uma justificativa — uma proposta de emprego aparentemente melhor, defeitos na namorada atual para acabar com a relação e iniciar outra; enfim, qualquer coisa poderia servir como desculpa. Na maioria das vezes, essas trocas não eram bem-sucedidas, e ele não conseguia entender por que vivia entre tantos altos e baixos.

Os sabotadores impedem a gente de ser feliz. É preciso muita perspicácia para identificá-los e não deixar que nos dominem.

Outra coisa que atrasa nossa vida são os condicionamentos. Eles são incutidos em nós desde cedo, geralmente não por mal, mas simplesmente porque, ao nascer, somos como uma fita virgem de gravador. Essa fita vai sendo gravada com tudo o que vimos e ouvimos ao nosso redor.

Por exemplo, a Joana, assim como eu, tem medo de barata. Certa vez, ela fez um escândalo na frente das crianças e eu disse: "Joana, a barata é um bicho nojento, mas tudo depende da maneira como você se relaciona com ela. As crianças não estão entendendo essa sua reação diante de um bicho tão pequeno." Ela concordou que, às vezes, precisamos racionalizar as situações para redimensioná-las de acordo com a realidade. Percebendo seu erro, minha esposa falou aos nossos filhos que eles eram seus heróis porque não tinham medo de barata como ela. Com isso, eles passaram a enfrentar as baratas e evitamos o trauma.

Condicionamentos podem tanto ser aliados (habituar o corpo a exercícios físicos, por exemplo) quanto inimigos. Muitas pessoas começam bem uma jornada, seguem firme na direção do sucesso, mas, de repente, *travam* por causa de um comportamento condicionado, algo tão enraizado nelas que mal conseguem perceber que ali está o obstáculo ao seu desenvolvimento. Pior: pode ser um adversário capaz de derrubar você.

Condicionamentos podem tanto ser aliados (habituar o corpo a exercícios físicos, por exemplo) quanto inimigos. Muitas pessoas

PROPÓSITOS BEM-DEFINIDOS

Hoje, olhando para trás, eu me vejo como se tivesse caminhado sozinho, abrindo uma trilha no mato com um facão. Uma mata fechada que eu queria transformar em estrada. De vez em quando, eu desanimava e parava. Mas depois me levantava novamente, respirava fundo e continuava. Não sei de onde tirei coragem, força e comprometimento para ser tão firme em meus propósitos. Era como se eu fosse um cego sendo guiado por uma mão invisível. Hoje sei que essa mão era a do Espírito Santo. Porque, em certos momentos, tudo parecia ir contra o que eu almejava.

A firmeza de propósitos tem a ver com fé, mas, nesse caso, eu não tinha a consciência de ter fé, pelo menos não no sentido religioso. Eu simplesmente acreditava no que sentia. E dentro de mim estava claro que não havia outro caminho a seguir a não ser aquele, de persistir e esperar que algo mudasse, melhorasse.

Certa vez, acompanhei um amigo em uma palestra motivacional. Ele estava estudando para passar em um concurso público e havia tentado algumas vezes sem sucesso. A palestra era ministrada por um homem que já fora aprovado em não sei quantas seleções do tipo. O que ele tinha a dizer, basicamente, era: "Estude e aguarde, porque um dia você vai entrar." Toda a retórica dele era baseada na paciência e na persistência.

Isso me levou a uma reflexão sobre as pessoas que iniciam negócios ou relacionamentos, mas não os levam adiante sob o argumento de que "não deu certo".

Fiquei pensando se não faltou a essas pessoas paciência e persistência. Concluí que não era justo pensar assim e que talvez faltasse um desejo genuíno do coração. Quando esse desejo existe, é ele a mão invisível que nos guia como cegos. Quando finalmente nos é dada a faculdade da visão, o pior passou. Olhamos para trás e nos admiramos: "Puxa, quanta coisa já fiz, quanto caminho já andei! Como fui capaz?" É assim, mais ou menos, como me sinto hoje.

A pior lesão que tive ao longo de toda a carreira foi uma hérnia de disco na coluna, na altura do pescoço. Participei de uma luta no fim de 1997 em que me machuquei e o pescoço travou. Alguns dias depois, acordei normalmente, fui treinar e comecei a sentir dor. Era tanta a dor que, ao me consultar com um médico naquele mesmo dia, pedi morfina. Quando cheguei ao hospital, não conseguia me mover. Tive de pedir ajuda.

Eu teria uma grande luta contra Mark Coleman dentro de uma semana e meia, mas foi cancelada. Tudo parou. Tivemos de alugar uma cama hospitalar porque a lesão era tão grave que eu não podia me deitar, era obrigado a dormir quase sentado. Foi assim durante quase um ano.

Ao longo desse período, consultei vários médicos e todos sugeriam operar, mas diziam que eu não poderia voltar a lutar. O único que falou diferente foi o dr. Paulo Niemeyer, neurologista famoso. Ele disse: "Se você fosse meu filho, eu diria para não fazer a cirurgia."

Ao mesmo tempo, eu fazia muita fisioterapia. Falei com o dr. Niemeyer:

— Tenho certeza de que, com a fisioterapia, vou melhorar. O senhor acha possível?

Ele respondia:

— Vitor, se você acha que pode melhorar, tenho certeza de que é possível.

Ao longo de um ano, fiz fisioterapia com um profissional meu amigo, o Filé. Ele me colocava dentro da piscina e manipulava suavemente a minha coluna. Não é que fiquei bom? Sem cirurgia.

Enquanto ficava deitado na cama hospitalar, minha mãe me deu uma Bíblia para ler. Foi aí que comecei a me interessar pela história de Jesus, por sua palavra. Ao mesmo tempo, comecei a questionar: "Deus, o que eu fiz para ter essa lesão? Por que estou passando por isso?" São perguntas que todo mundo se faz nos momentos de dificuldade.

O ser humano, de modo geral, vive de forma muito inconsequente. Mais que isso, vive como se fosse imortal. Foge do sofrimento como o diabo da cruz. Então, questões internas que precisam ser resolvidas vão sendo empurradas para baixo do tapete. Melhor não se deparar com elas, porque causam desconforto e dá trabalho resolvê-las.

O ser humano, de modo geral, vive de forma muito inconsequente. Mais que isso, ele vive como se fosse imortal. Foge do sofrimento como o diabo da cruz.

Acredito que existem dois tipos de sofrimento: o produtivo e o inútil. Vou tentar explicar:

Sofrimento produtivo

É aquele desprendido ao longo dos processos internos de extinção de dívidas emocionais, de elaboração de traumas e condicionamentos, de desarticulação de sabotadores. Leva tempo até uma pessoa tomar a decisão de encarar seus fantasmas. Mais tempo ainda para lançar luz sobre eles e fazer reflexões que lhe permitam colocar em ordem os pensamentos e as emoções de forma mais organizada e limpa.

Não é fácil fazer isso. Mexer com esses fantasmas pode causar medo e sustos. Mas é um trabalho que vale a pena, porque o indivíduo vai se sentir muito mais leve lá adiante. Trata-se, por isso, de um sofrimento produtivo.

Sofrimento inútil
É aquele que advém das dívidas emocionais, relacionamentos mal-resolvidos, tristezas da infância, frustrações, arrependimentos não expressos e tudo o mais que tenha a ver com isso. Tem gente que vive apegada a esses sentimentos, andando em círculos, uma verdadeira prisão. Esse sofrimento pode provocar um *takedown*.

Creio que esse apego é, na verdade, medo do vazio que pode surgir no lugar do sofrimento. Mas é preciso lembrar que é do vazio que aparece o novo. Um pote completamente cheio não pode receber mais água. É necessário esvaziá-lo para encher novamente, e assim por diante.

Existe um filme do cineasta espanhol Pedro Almodóvar, *Tudo sobre minha mãe* (1999), no qual uma mãe, logo no início do filme, perde o filho, vítima de um atropelamento. Ela chora muito, fica arrasada. Mas segue em frente e a vida lhe apresenta uma série de novas situações pelas quais não esperava: novos amigos, um novo emprego e até um bebê para cuidar, filho de uma moça que morre prematuramente. Esse filme, apesar das excentricidades do diretor, é sobre a esperança, e por isso tem valor.

É válido questionar a si mesmo e a Deus quando algo ruim acontece. É o primeiro passo em direção à resolução de uma situação interna. Afinal, também acredito que tudo o que acontece conosco é reflexo do nosso interior. As situações ruins são indicativas de que algo errado está acontecendo dentro, e que é preciso limpar a área para melhorar do lado de fora também.

Revelação

Na época da lesão na coluna, uma série de questionamentos internos ganhou voz em mim. Um deles me levou a uma grande revelação — uma das maiores da minha vida. Vou contar como foi.

Todos os dias eu acordava cedo para ir até a clínica fazer fisioterapia. No caminho, parava em um sinal de trânsito na rua Visconde de Albuquerque, no Leblon, onde havia sempre um rapaz sem as pernas, movendo-se em cima de um *skate*, pedindo esmolas. Não tinha cadeira de rodas. Passei a infância e a adolescência observando aquele rapaz. Nós tínhamos mais ou menos a mesma idade. Era um guerreiro. Trabalhava duro vendendo balas e frutas. Ele estava sempre sorrindo, e pensei: "Eu aqui, indo para a fisioterapia de carro e me sentindo a pior das criaturas, e ele em cima desse *skate*, sorrindo. Como pode ser?"

Certo dia, após a fisioterapia, pedi à minha mãe que chamasse um pastor à nossa casa. Ela chamou, e ele veio. Assim que começamos a conversar, fui logo perguntando:

— Como pode um cara como eu nascer no Leblon e ter condições de me tratar com bons médicos, enquanto outro passa a vida sobre um *skate* porque não pode andar? Como pode esse rapaz viver sorrindo, de bom humor?

O pastor respondeu:

— Vitor, a felicidade está dentro do homem. Certas coisas são mistérios. Vou contar a você a história de Jó.

Ele narrou a história que está na Bíblia, segundo a qual Deus falou para satanás, referindo-se a Jó:

— Eis um homem justo, ele é meu filho.

O diabo riu:

— É fácil desse jeito. Ele é rico, tem tudo.

Deus, então, autorizou que o diabo tirasse as coisas de Jó porque sabia que ele continuaria sendo seu filho. O diabo tirou a riqueza, depois tirou os filhos, o fez adoecer e passar por outros martírios. No fim, a própria mulher de Jó disse: "Renegue esse Deus e morra." Mas ele se manteve firme, de modo que Deus lhe restituiu tudo.

O pastor continuou:

— Sobre esse rapaz que está lá, sobre o *skate*, e que você acha que não pode ser feliz, peça a Deus uma resposta.

Dei uma de São Tomé e perguntei se Deus seria capaz de falar comigo com voz audível e tudo o mais. O pastor confirmou:

— Sim, consta na Bíblia que Deus usou uma mula para falar com Balaão. Por que não poderia falar com seus filhos?

Naquela noite, dormi com um olho fechado e outro aberto, esperando que Deus falasse comigo. A madrugada chegou, e eu não tinha ouvido nada. Quando o despertador tocou e me levantei, peguei o carro e fui para a fisioterapia.

Estava chovendo. Parei no sinal e senti uma batida na lateral no carro. Olhei e vi que era o rapaz que usava o *skate*. Ele estava coberto por um saco de lixo preto, como se fosse uma capa de chuva, com capuz e tudo. Abri o vidro e escutei o que tinha a dizer.

— Eu sempre vi você parar aqui no sinal; você sempre me tratou bem, assim como a sua família. Já faz tempo que sinto vontade de falar umas coisas e, não sei por que, decidi falar hoje. É o seguinte: as pessoas me veem aqui nesse *skate,* pensam que eu sou um miserável, que sou um infeliz. Eu tinha tudo para ser isso mesmo, mas, na verdade, sou muito feliz. Isso mudou desde que Jesus entrou na minha vida.

Comecei a chorar feito uma criança e ele perguntou o motivo. Entre um soluço e outro, respondi:

— Se eu contar, você não vai acreditar. Muito obrigado!

O sinal abriu e eu, que sempre fazia uma bandalha para cortar caminho, nesse dia não fiz. Afirmei para mim mesmo que, dali em diante, faria tudo certo. Fui embora agradecendo: "Obrigado, meu Deus, por falar comigo."

Desperdício

É comum usarmos subterfúgios para evitar o enfrentamento das questões fundamentais da nossa vida. O mundo por aí oferece uma série deles: drogas, álcool, vida desregrada etc. Mesmo que não oferecesse, quando alguém não quer encarar a verdade, qualquer coisa é motivo para se manter ocupado: doenças, cuidar dos outros, viajar sem parar, trabalhar sem parar... Assim, o tempo passa e conseguimos nos esquecer do que incomoda.

Acho isso um desperdício de tempo. Temos somente uma vida. É uma oportunidade que não podemos desperdiçar. Temos uma origem, temos um destino, e quero fazer o melhor com o tempo que me foi dado. Eu também já o desperdicei algumas vezes, mas sempre acordei a tempo de recuperar o fio da meada.

Acredito que todo ser humano tem uma missão. Ele precisa descobrir sua missão a cumprir. Executá-la da melhor maneira possível, com o maior comprometimento e empenho. Porque cada dia é um a menos da nossa vida. Não há tempo a perder.

Eu quero tirar nota dez no meu boletim quando chegar ao fim da vida aqui na Terra. Da mesma forma que me esforço no octógono, quero fazer o mesmo no dia a dia. Dar conta do trabalho que me foi entregue e, no fim, poder dizer aqueles versos do poema "Libertinagem", de Manuel Bandeira:

> Quando a indesejada das gentes chegar
> [...]
> Encontrará lavrado o campo, a casa limpa,
> A mesa posta,
> Com cada coisa em seu lugar.

Após o encontro com o rapaz no sinal, terminei um relacionamento que só servia para me afastar dos meus princípios e da minha missão. Minha vida mudou da água para o vinho.

Acredito que todo ser humano tem uma missão.
Ele precisa descobrir sua missão a cumprir.
Executá-la da melhor maneira possível,

com o maior comprometimento e empenho. Porque cada dia é um a menos da nossa vida. Não há tempo a perder.

Ao longo da carreira tive outras lesões — quebrei as mãos várias vezes, uma delas com fratura exposta —, mas nada foi igual ao problema na coluna. Tudo passou. Nos momentos de dificuldade, em que o *takedown* parece iminente, é preciso ter compromisso com o presente, sabendo que ainda não é o fim.

Dizem que o tempo passa rápido quando estamos felizes e devagar quando estamos tristes. Quer dizer, o tempo do lado de fora continua passando normalmente, nossa percepção dele é que muda. Quando estou alegre, me sinto leve e flutuo através da realidade. Quando estou triste, bolas de ferro pendem dos meus pés e me arrasto pela vida. Mais uma vez, é importante lembrar que tudo passa. A alegria e o sofrimento. Porque tem gente que, quando vive algum sofrimento ou problema, pensa que é o fim do mundo.

Isso tem a ver com uma tendência a exacerbar as coisas. Joana tem uma tia que ama animais. Ela mora fora do Rio de Janeiro, em uma casa com quatro cães de raças e tamanhos diferentes que recolheu na rua, tratou e levou para morar consigo. Tem um grande coração. Mas, cada vez que um dos cachorros fica doente, parece que o céu está caindo para ela. Quando uma das cadelinhas foi internada com problemas renais, Joana e eu já a considerávamos morta e enterrada, mas ela se recuperou. Desde então, passamos a relativizar os dramas dessa tia.

As quedas na vida existem e são inevitáveis para todos. O que precisamos é saber como lidar com elas e com suas consequências. O primeiro passo é dimensionar a queda: é mesmo de arrasar? Claro que a morte de um parente, um casamento que termina, a perda do emprego, entre outras mazelas, são quedas que machucam muito. Mas existe algo que o povo costuma dizer, e que eu adoro: "Tenho saúde, graças a Deus, o resto eu corro atrás."

De fato, essas três situações que citei são terríveis, mas, se estamos com nosso maior bem físico em dia (a saúde), já é uma grande conquista. A saúde é como uma plataforma no meio de um oceano de incertezas, onde encontramos firmeza para nos colocar de pé e remar até terra firme. Por isso, nessas horas é que temos de cuidar melhor de nós mesmos, porque a moral baixa diminui a resistência do nosso corpo, tornando-o suscetível a doenças.

De acordo com essa perspectiva, os problemas de saúde, estes sim, são muito difíceis de lidar. É preciso paciência, fazer tudo o que estiver ao seu alcance para melhorar. Tem de orar a Deus e pedir luz e sabedoria para enxergar o que pode estar errado por dentro que, se for modificado, poderá se refletir por fora. É necessário confiar em Deus e em sua sabedoria e bondade, tendo em mente que o que tiver de ser, será.

Eu e Joana acompanhamos os últimos anos, meses e semanas de vida da esposa de um grande amigo nosso. Eles são mais velhos que nós, mas têm a mente jovem, e a companhia deles sempre foi muito agradável. Em 2008, a mulher foi diagnosticada com um tipo raro de câncer inoperável. Fizeram vários tratamentos diferentes e ficávamos admirados como ela sempre levava aquilo numa boa, sem reclamar. Claro que passava mal, a saúde foi se acabando aos poucos, mas ela nunca se colocou no papel de vítima.

Duas semanas antes de ela morrer, estávamos no Rio de Janeiro e fomos visitá-los, e eles nos convidaram para assistir ao show do Chico Buarque, que estava em cartaz. Ela já estava em cadeira de rodas, a fisionomia bem diferente, quase não falava. Mas lá fomos nós assistir ao Chico, e ela visivelmente estava gostando, curtindo o show.

Sabe que nem choramos muito a perda dessa amiga? Porque acompanhamos o processo e vimos o quanto ela foi cuidada e amada, e o quanto ela estava em paz consigo até o fim. Ficou como um exemplo de coragem e sabedoria.

A morte, essa sim, é inevitável. Todos vivem dizendo que querem morrer dormindo porque deve ser mais fácil, mas quem sabe? Acredito que a morte não seja tão ruim para quem vai; é pior para quem fica. Esses é que terão de lidar com a queda.

Depois da queda

Se queremos alcançar a vitória e a excelência, devemos entender que, depois de encararmos uma queda, existem três coisas que acontecem e que também podem ser consideradas três etapas para uma recuperação:

Ficar no chão
É o momento logo após a queda. Como somos humanos, é normal ficar um tempo no chão, absorvendo o impacto. Há alguns baques na vida que nos deixam atordoados. É normal se dar um tempo. Mas não pode ser muito tempo, ou começamos a criar raízes, e então será muito mais difícil levantar.

Sentar e tomar fôlego
Chega a hora de se aprumar. Fazemos isso, em primeiro lugar, por nós mesmos. É uma escolha: fazer um pacto com o sofrimento ou um pacto com a vida. Alguns escolhem o sofrimento porque obtêm certos ganhos com ele, principalmente a atenção dos outros. Existe certo conforto em ser "coitadinho" e até mesmo certo *status* por ser "aquele que já sofreu tanto". Melhor obter atenção de outra forma, mais positiva.

Escolher uma direção e caminhar
Há um filme com Tom Hanks, *O náufrago* (2000), em que, no fim, o personagem principal está dirigindo e se depara com uma encruzilhada na estrada. Ele não tem para onde ir. Antes dessa cena, ele tinha ficado cinco anos perdido em uma ilha. Quando voltou, a noiva estava

casada com outro e tinha filhos. Tudo mudou. Ele, então, simplesmente escolhe um novo caminho e segue em frente. O filme termina.

Após o atordoamento da queda, é comum ficarmos sem saber o que fazer, aonde ir. Creio que o mais importante nesse momento é fazer alguma coisa. Mesmo que não seja a melhor coisa, faça. Nessa hora, não temos ainda clareza para discernir, mas é preciso levantar e caminhar para não criar raízes no chão.

Eu também tive as minhas quedas e oro todos os dias para que Deus me poupe delas. Porque sei que não é fácil.

Capítulo 9

Sparring é *sparring*, luta é luta

Sparring significa "treinamento". Existe uma diferença entre treinar para as lutas da vida e as lutas propriamente ditas. O treinamento é importante, mas, quando a luta começa, é essencial controlar a euforia e até o medo para não ver toda a preparação escorrer pelos dedos. Nada de afobação ou excesso de confiança. Na vida, a teoria é muito mais complicada de ser posta em prática.

Camp é como chamamos, no MMA, o período de treinamento que antecede a luta. Então, são três coisas diferentes:

- Treinamento: envolve preparação, repetição, cuidados, tudo feito com calma e planejamento para obter o melhor resultado.
- *Camp*: é a intensificação do treino. Envolve exercícios de resistência em que testamos nossos limites físicos e mentais.

- Luta: é a hora de colocar em prática todas as habilidades treinadas e desenvolvidas durante o treino. Não dá para planejar, tem de fazer. Toda a técnica já deve estar dentro de si, aprendida e apreendida até o nível das células.

Ao longo do treinamento no MMA, por exemplo, somos exigidos 90% fisicamente e 10% mentalmente. Na hora da luta, eu diria que essa proporção se inverte: precisamos estar 90% preparados na mente e deixar que o corpo cumpra os outros 10%. Creio que em toda profissão é assim. No início, ficamos preocupados em aprender as técnicas — é importante fazer isso para dominar os instrumentos de trabalho, sejam eles quais forem —, mas depois é a intuição que deve mandar mais.

Imagino a rotina de grandes homens de negócios, presidentes de corporações. Eles não perdem tempo com miudezas. Sua função é fazer escolhas, tomar decisões em nome da companhia. Já pensou em tamanha responsabilidade? Se eles parassem para pensar nisso, não fariam nada. Ao falar disso, lembro-me da centopeia: se esse inseto pudesse pensar e fizesse isso antes de dar qualquer passo com uma de suas dezenas de pernas, ficaria parado no mesmo lugar. Não andaria nunca.

Um dos treinamentos que devemos priorizar é o exercício da intuição, pois ela nos ajuda muito a tomar decisões. Uma dica: para deixar a intuição agir é preciso pensar menos e sentir mais. Parece maluquice dizer isso, mas é verdade. Quando faço uma escolha e me sinto tranquilo por dentro, é sinal de que estou no caminho certo. Quando sinto algo incomodando por dentro, aquele grilo que fica fazendo *cricri* dentro da cabeça, eu volto atrás, se necessário.

O exercício da intuição pode ser feito no dia a dia com pequenas questões. É como um treinamento para quando for preciso usá-la para as grandes coisas. Por exemplo:

- Na hora de escolher a roupa para sair, abra o armário e procure não pensar. Selecione a primeira roupa que lhe parecer de acordo com o dia e experimente. Caso se sinta bem com ela, pronto. Já pode vestir e sair.

- Ao pedir um chá no restaurante, quando o garçom trouxer a caixinha com a variedade de sabores, deixe a mão solta para que pegue um dos saquinhos sem pensar. Caso não seja o sabor que costuma tomar, será bom variar.
- Quando for passear em algum parque ou área verde, procure se deixar guiar pelos pés. Nada de programar: "Vou virar à esquerda e seguir por cinco minutos, depois entrar à direita." Apenas respire e caminhe. Vai ver como é ótimo dar uma trégua a sua mente.

Costumo fazer o exercício da intuição sempre que posso. Na vida ou no octógono, mesmo traçando estratégias, não gosto de estar engessado ou preso demais a elas porque é preciso variar. Aí está o segredo do homem vitorioso: ter a mente aberta e ser flexível. É inverter a base, quando necessário.

Corpo em movimento

O treinamento também envolve cuidar do corpo. Precisamos aprender desde cedo os bons hábitos alimentares e comportamentais porque o corpo saudável é que vai nos permitir cumprir nossa jornada sobre a Terra.

Dei-me conta disso quando fiz uma aula de ioga a convite de um amigo. Fiquei pensando: "Os indianos formam um povo tão espiritualizado. Por que criaram um sistema de trabalho espiritual que se concentra no corpo, que parece o oposto do espírito?" Meu amigo me explicou que o corpo pode ser espiritual também, desde que seja bem tratado, limpo e trabalhado com essa finalidade. Para isso serve a ioga.

Seja ioga, ginástica ou futebol, é importante praticar alguma atividade física, porque o corpo necessita de movimento para ficar saudável. Um corpo saudável e bem-treinado é a melhor arma de um lutador. Além disso, ajuda a mente a se manter clara e focada.

Três áreas fundamentais da vida do ser humano, que ajudam a manter a saúde do corpo e da mente, são as que se seguem:

Alimentação

Todo mundo sabe que não deve ingerir gorduras, doces e refrigerantes, mas, na correria habitual, algumas vezes trocamos o almoço por um sanduíche ou pulamos uma refeição, o que é péssimo. Fome causa estresse.

Para se ter uma ideia, nas semanas que antecedem uma luta, faço uma dieta especial, com pouco carboidrato, mas não passo mais de três horas sem comer algo. Faço cinco ou seis refeições por dia, com lanches entre o desjejum e o almoço, antes do treino da tarde e antes de dormir. Normalmente é uma fatia de pão integral com uma pasta de soja ou creme de chocolate com avelãs — pequenas porções são permitidas. Mas nada de ficar com fome.

Outra dica é dar preferência aos alimentos naturais. Nos Estados Unidos, existe uma rede de supermercados de comida natural chamada Whole Foods. Eles vendem todo tipo de produto orgânico: desde *ketchup* feito de tomates cultivados sem agrotóxico até suplementos vitamínicos para quem não come carne; desde variedades de óleos vegetais para cozinhar até néctar de plantas que substituem o mel.

Não sou vegetariano, embora simpatize com a ideia, mas mudei vários ingredientes da alimentação — não apenas a minha, mas da minha família também — simplesmente por serem opções mais saudáveis. Por exemplo, em vez de óleo de soja ou canola, usamos óleo de coco para cozinhar porque gera menos colesterol. Também usamos para adoçar néctar de agave, uma planta do deserto, porque é muito doce, porém mais leve e com índice glicêmico menor que o mel.

Respiração

Por incrível que pareça, o ar é a fonte de energia mais importante para nós. Estudos já comprovaram que o homem é capaz de sobreviver mais de duas semanas sem comer nada e menos de uma semana sem beber água; mas e a respiração? Poucos minutos sem respirar nos causam a morte.

Respirar envolve mais que simplesmente inspirar o ar e jogá-lo para fora. Também não adianta ir para as montanhas em busca de ar puro. É preciso respirar bem. Usar toda a capacidade dos pulmões, ou quase toda. Como conseguir isso?

A ginástica natural que aprendi com o professor Álvaro Romano, um grande amigo, propõe vários exercícios, mas vou indicar um muito simples: todos os dias de manhã, ao acordar, faça um treinamento de respiração, no qual se trabalha o grande músculo do diafragma e o pulmão para expandi-los e, assim, receber mais ar. Lentamente inspire e, em seguida, expire todo o ar dos pulmões. Até a última gota. Na sequência, faça automassagem, como se fosse uma sanfona no abdome. Com isso, você cria uma expansão maior para receber mais ar. Faça isso durante meia hora, repetindo várias vezes. O corpo superaquece por dentro. Com isso, eu chego a perder dois ou três quilos.

É provável que você fique um pouco tonto com tanto oxigênio, mais do que está acostumado normalmente. Porque o estresse diminui a nossa capacidade respiratória, faz nossos músculos se contraírem de tensão, e os pulmões são movidos pelo diafragma. Ele é um dos músculos mais afetados em momentos estressantes — basta perceber como prendemos a respiração ou ficamos ofegantes em situações de susto ou tensão.

Movimento

É o que nos dá elasticidade, tonicidade e liberdade. Tem uma frase que diz tudo: "O corpo é fonte de dor ou de prazer, cabe ao homem escolher." Quem não se mexe vai ficando entrevado, surgem dores aqui e ali. O movimento liberta, ativa a respiração e ajuda o metabolismo dos alimentos que ingerimos.

Vale lembrar que o repouso faz parte do movimento. É preciso reservar uma parte do treinamento para descansar o corpo e a mente.

Para quem não está acostumado, descansar significa parar — coisa rara hoje em dia, quando estamos sempre ocupados com algo. Outra maneira é fazer nada. Qual foi a última vez em que foi capaz de fazer nada? Aposto que não se lembra.

Um grande amigo meu, Márcio Alaôr, começou a vida como escrivão e hoje é vice-presidente do Banco BMG. Esse banco, atualmente, é o terceiro maior patrocinador do futebol brasileiro. Márcio trabalha muito e viaja a semana inteira. A mulher dele é outra trabalhadora. Mas o fim de semana, para os dois, é sagrado. É o momento de reunir a família, conversar com os filhos, fazer caminhadas e almoçar juntos.

Tanque dos tubarões

O *sparring* de MMA envolve técnicas de jiu-jitsu, muay thai, boxe, *wrestling* (quedas), *strike* (ataque), luta greco-romana e caratê. Existe um *sparring* chamado *shark tank* (tanque de tubarões), que costuma ser realizado no período de *camp*: dentro do octógono, os treinadores, cada um durante um minuto, atacam o lutador. Um utiliza socos; outro, chutes; outro o imprensa contra a grade; outro o derruba no chão e ele tem de se levantar. Isso se repete ao longo de 15 minutos, meia hora, até o limite físico e psicológico do atleta. Ele vai cansar, vai querer desistir, mas precisa encontrar uma razão para continuar. Faço esse treino várias vezes antes de qualquer luta, pelo menos uma vez por semana.

Shark tank é um treino para o momento da dificuldade. Na hora do confronto, isso ajuda a estar confiante, a estar feliz. O lutador já entra vitorioso porque sabe que está bem preparado. Da mesma forma, na vida é preciso estar pronto para as decepções futuras. Porque a vida é como o octógono: em certas horas estamos por baixo; em outras, por cima.

...na vida é preciso estar preparado para as decepções futuras. Porque a vida é como o octógono: em certas horas estamos por baixo; em outras, por cima.

Se preparar para as decepções não significa esperar sempre o pior, mas estar consciente de que viver é muito perigoso, no sentido de que estamos expostos ao imponderável, àquilo que não se pode prever ou evitar. Não vamos pensar nisso o tempo inteiro ou viveremos apavorados. Mas a verdade é que não temos garantia de nada. Tudo pode mudar a qualquer momento sem aviso prévio. Isso está muito bem explicado na letra da linda música "Aquarela", de Toquinho.

> E o futuro é uma astronave
> Que tentamos pilotar.
> Não tem tempo, nem piedade
> Nem tem hora de chegar.
> Sem pedir licença
> Muda a nossa vida
> E depois convida
> A rir ou chorar.
>
> Nessa estrada não nos cabe
> Conhecer ou ver o que virá.
> O fim dela ninguém sabe
> Nem ao certo onde vai dar.
> Vamos todos
> Numa linda passarela
> De uma aquarela
> Que um dia, enfim,
> Descolorirá.

Como essa verdade é muito chocante para ser encarada nua e crua, a maioria dos seres humanos se julga especial, praticando uma espécie de pensamento mágico do tipo: "As coisas ruins acontecem só com gente que merece coisas ruins." Mas a verdade é que acontecem com todo mundo, e eu estou aqui para provar. A Bíblia diz que o sol nasce para justos e injustos, assim como a chuva cai para ambos. Justiça de verdade, só na eternidade.

O que podemos fazer em relação a nossa fragilidade na Terra? "Nada", alguns diriam. Mas eu tenho uma dica: podemos orar e viver uma vida de princípios, pois é isso o que vale no fim de nossa jornada. Como diz Dan Duke, existem dois modos de viver: (1) quem busca uma vida fácil e sem sacrifício, que entra pela porta larga e vive de acordo com suas preferências — não me encaixo nessa categoria; e (2) os verdadeiros guerreiros, que, em vez de ceder aos desejos que muitas vezes destroem famílias e reputações, preferem viver uma vida de princípios invioláveis. São homens comprometidos com a verdade. Jesus foi o maior exemplo. Ele não hesitou: carregou a cruz com integridade e honra. Mesmo no final, maltratado, pediu que Deus perdoasse aqueles que o açoitaram.

Acredito piamente no poder da oração. Ela nos ajuda a nos conectar com Deus. É a forma que o ser humano tem de se comunicar com o Criador — e as respostas vêm em formas diversas, como no episódio do rapaz sem pernas que usava o *skate* para se locomover.

Quando eu oro, além de agradecer, me abro com Deus. Às vezes, nem peço nada. Constrangido por seu amor, prefiro sorrir. Peço a Deus que, com sua mão amorosa e calorosa, nos proteja de todo o mal, como na oração chamada *Pai nosso*. Que ele nos mantenha afastados de todos os perigos, doenças, confusões.

Meus filhos têm um livro muito bonitinho sobre anjos. Conta a história de um menino que passa por diversas situações de perigo, mas que não chega a se dar conta dos riscos, porque um anjo está sempre por perto, protegendo-o. Por exemplo, o menino caminha por uma rua onde há um ladrão esperando, escondido atrás de um muro; mas o anjo cobre com as suas mãos os olhos do ladrão e ele nem percebe que sua possível vítima está passando. Em outro momento, o menino está na praia e há um tubarão se preparando para pegá-lo embaixo d'água; enquanto ele nada tranquilo, o anjo segura o peixe. Sei que nem todo mundo acredita em anjos, mas que a oração feita por um coração sincero tem poder, isso tem.

Quatro coisas

Em determinado momento da minha vida, Dan Duke me ensinou quatro coisas que procuro fazer todos os dias, independente de onde eu esteja, mesmo em meio à gritaria de um lugar público: orar, adorar a Deus, ler e doar. Essa doação não é apenas de dinheiro — pode ser qualquer coisa. Fazendo isso, cumpro um chamado e um princípio importante: o do treinamento do corpo, da alma e do espírito.

É o lugar da boa solidão, aquela em que nos bastamos. É poder desenvolver esses quatro fatores. Há pessoas que preferem chamar "solitude". Porque existe a solidão ruim, que é aquela que depende do outro. Para estar bem com o outro, é preciso cultivar a solitude. Caso contrário, não estaremos sendo justos com o próximo; estaremos, sim, querendo usá-lo para ocupar um vazio com o qual não conseguimos lidar.

Se você se propõe todos os dias a fazer algo que alimenta a sua alma, o seu corpo e o seu espírito, estará mais preparado para os golpes que possam surgir adiante. Estou sempre tentando me aproximar e me afinar com algo que vá trazer bons frutos para a minha vida. Desde coisas simples, como escutar boa música e ler bons livros, até a preocupação em me associar com empresas idôneas e marcas que transmitam valores positivos, de acordo com os meus.

Há pouco tempo, foi oferecida a Joana a chance de ser garota-propaganda de uma marca de cerveja. Fiquei muito orgulhoso com a postura dela, porque, embora fosse receber uma grana altíssima, ela mesmo assim recusou, dizendo que fugia dos princípios em que acreditamos.

Não tenho nada contra o álcool — aliás, bebo vinho de vez em quando. Mas vai contra os nossos princípios, pois o anúncio vai atingir milhões de pessoas do jeito que os fabricantes quiserem, onde quiserem. Melhor não. Depois, como poderia dizer ao meu filho que não é legal beber demais?

Além de alimentar corpo, alma e espírito, é necessário vigiar o desejo, pois nem tudo o que é prazeroso é bom. Nem tudo que é bom é saudável. Muitas vezes, as nossas vontades não trazem frutos. Por isso, é importante estarmos focados.

Outro dia, em período de *camp*, estava todo mundo bebendo um vinho gostoso na minha casa. Eu também queria beber, mas não o fiz porque tenho um compromisso comigo, com o meu trabalho, com a minha família. Eu não podia beber porque sabia que prejudicaria o meu treino e, mais, o resultado final que eu queria alcançar, que era a vitória lá na frente.

Todos os dias me vigio para que o meu sucesso não atrapalhe a minha evolução. Já que somos obrigados a fazer escolhas a cada momento, que sejam positivas. Porque até alguém que escolhe tirar a própria vida demonstra ter alguma coragem e energia a ponto de cometer um ato tão extremo. Mas, nesse caso, trata-se de coragem usada para o mal, para uma coisa negativa.

Todos os dias eu me vigio para que o meu sucesso não atrapalhe a minha evolução. Já que somos obrigados a fazer escolhas a cada momento, que sejam positivas.

A minha alimentação e os meus hábitos, eu os escolho não somente para a parte física, mas para a alma e o espírito também. Faço isso porque busco um equilíbrio em todas as áreas da minha vida. Temos de dar atenção a todas elas. Como uma empresa campeã, que tem os departamentos comercial, administrativo e de marketing. A empresa campeã não privilegia uma área em detrimento de outra.

Faz parte do treinamento envolver não apenas o corpo, mas também a nossa mente, com coisas boas. Não significa tornar-se radical e só assistir a filmes com desfecho feliz, mas selecionar o que colocamos "para dentro", pois, de certa maneira, serve de alimento para o nosso espírito.

Por exemplo, na nossa casa não entram DVDs de filmes de terror. Quando eu era adolescente, até assistia a filmes desse gênero para acompanhar os colegas, mas nunca gostei de fato, porque percebia que aquelas imagens negativas às quais havia assistido voltavam à minha mente com frequência. De repente, eu estava em casa e, ao abrir o armário, logo imaginava a mão de alguém saindo do meio das roupas com um machado para me atingir. Eu não ficava assustado ou com medo, mas, com o tempo, isso começou a me irritar. Por volta dos dezesseis anos, parei de assistir a esses filmes e nunca mais voltei a fazê-lo simplesmente por ser inútil. Eles não me ensinam nada, não servem para nada, só para causar irritação. Não preciso disso.

Outro exemplo é a música. Na minha casa sempre ouvimos música. Fico sintonizado em alguma rádio que só toque músicas instrumentais calmas e melodiosas. Isso porque os Estados Unidos são a sociedade do espetáculo. Las Vegas, principalmente, por ser um centro de entretenimento, tem tevês ligadas em todo lugar, tem música tocando em toda parte, até na rua. Os canteiros da Strip — como é chamado o Las Vegas Boulevard, a rua mais agitada da cidade — têm alto-falantes disfarçados tocando pop e rock. Eu gosto dessas músicas, não tenho nada contra elas, mas na minha casa prefiro ouvir músicas calmas.

Quando estou a caminho de um treino, a situação pede uma música mais agitada, que me mobilize. Sempre gostei de *rap*, mas depois que aprendi inglês é que fui perceber o quanto as letras dessas músicas são agressivas. Elas instigam ao confronto e denigrem as mulheres. Mas, como nos Estados Unidos tem de tudo, descobri aqui os *rappers* cristãos. Eles fazem excelentes *raps*, mas com letras que edificam.

Quando se trata das minhas leituras, também escolho aquilo com que estou de acordo e que me agrada. Há algum tempo me mandaram um livro que dizia que Jesus tinha mulher e filhos. Comecei a ler e fui ficando irritado. Fechei o livro e o deixei de lado, pois não edificava minha vida. Não vale a pena prosseguir naquilo que não acrescenta nada a sua vida, seja em qualquer área. Vamos dar conta de cada detalhe da vida.

Gosto de ler livros de grandes empreendedores, homens de negócios, porque sempre trazem mensagens de esperança, coragem e persistência. Eike Batista e Warren Buffet, por exemplo, nunca tiveram medo de se arriscar e amargaram perdas para depois ganhar. Quando estou cansado demais até para segurar um livro, ouço audiolivros. Não são muito populares no Brasil, mas nos Estados Unidos, sim. Então, escolho um bom audiolivro, cujo narrador tenha a voz agradável, e fico deitado, descansando e escutando.

Disciplina e organização

Não tem erro: a disciplina e a organização no treinamento produzem resultados durante a luta. Veja bem, não estou dizendo que as pessoas disciplinadas e organizadas vencem sempre, mas sempre estão em melhores condições de vencer. A chance de vitória e de sucesso é bem maior quando há dedicação. É uma lógica simples: quem negligencia a disciplina e a organização vai para o combate muito menos preparado. É assim no octógono; é assim na vida.

Joana me ensinou muito sobre organização pessoal e profissional: cumprir horários e metas. A vitória começa na preparação, no cumprimento de metas, para depois alcançar os objetivos.

Eu tenho a minha rotina e gosto dela. É importante, no treinamento, criar uma boa rotina para si porque ela facilita a nossa vida, além de favorecer a disciplina e a organização.

Todo lutador precisa ter disciplina para levar a cabo qualquer treinamento. É uma questão de compromisso consigo. Ouço muita gente dizer que não dispõe dessa qualidade na prática de exercícios. Isso não é desculpa. Basta se matricular em uma academia e terá a ajuda e o incentivo dos professores. Terá de acordar mais cedo e se esforçar para adquirir o hábito. Mas, se é para o bem, por que não?

A chance de vitória e de sucesso é bem maior quando há dedicação. É uma lógica simples: quem negligencia a disciplina e a organização vai para o combate muito menos preparado. É assim no octógono; é assim na vida.

Já a organização é fundamental para evitar perda de tempo. O desorganizado demora a encontrar o que precisa, perde as coisas, um atraso de vida. Sou muito organizado e determinado com meus treinos, mas a minha vida pessoal sempre foi desorganizada porque não tive referência em minha infância. Foi a Joana quem me ensinou essa virtude.

Na minha casa, agradeço a Deus por ter uma mulher edificadora, que estabelece regras para todos. As crianças, por exemplo, são responsáveis por reunir e guardar todas as peças dos jogos e brinquedos em suas devidas caixas. Quando alguém reclama, nós o fazemos pensar em como seria desagradável querer usar novamente aqueles brinquedos, mas não poder por falta das peças. Chamamos a atenção dos nossos filhos para o quanto é bom ter tudo pronto, organizado, à nossa disposição.

Fui criado sem muita rotina e isso fez falta para mim. Na minha casa, não tive pai e mãe tão presentes, por isso não havia tanta organização. Eu gostava quando ia às casas dos colegas e havia mesa posta, família reunida para comer. Aquilo me fazia sentir bem e planejei que, quando crescesse, organizaria minha vida dessa maneira.

A minha rotina é mais ou menos a seguinte: quando acordo, às seis da manhã, Joana já arrumou as crianças e a mesa do café da manhã. É o momento da família unida, quando conseguimos nos reunir ao redor da mesa para tomar o café da manhã. Algumas vezes eu os levo ao colégio — uma escola cristã —, e lá existe um espaço para os pais se reunirem após deixarem os filhos e fazerem uma atividade devocional. Às vezes, faço isso; outras, volto para casa e converso com Deus sozinho. Na verdade, podemos falar com Deus em qualquer hora e lugar. O céu não para, não tem intervalo.

Meus dois treinos diários acontecem das onze horas da manhã à uma da tarde, e das dezessete às dezenove horas. Entre esses treinos, preciso ter pelo menos duas horas de descanso. Devo tentar dormir, inclusive. Dar uma pausa à mente. Mente sã, corpo são.

No entanto, às vezes, não consigo descansar. Tem dias em que sou empresário, jardineiro, pai, marido, educador, negociador, atleta, cozinheiro. Para mim é um privilégio poder exercer várias funções ao mesmo tempo, dando o meu melhor em todas elas. E sem reclamar.

Convivo com jovens atletas que só precisam se dedicar ao esporte. Eles treinam e vão para casa. Mas não me sinto em desvantagem por ter uma vida movimentada. Acho até que isso me dá uma vantagem, pois me mantém em forma. Tenho felicidade plena, pois não há nada melhor e mais nobre que ser marido e pai. Porque o mais importante para mim é o casamento, a paternidade. A noite é o momento do casal. Como mencionei, as crianças têm horário para tudo e dormem muito cedo. Assim, eu e Joana conseguimos compartilhar a companhia um do outro. Às vezes, entramos na piscina da casa; outras, saímos e vamos a algum parque.

A Joana sempre me fala: "Vitor, entre no mundo das crianças." Eu tento ver o mundo através dos olhos deles. Quando começo a querer tomar conta da brincadeira, paro. Não deixo de brincar com eles mesmo que, às vezes, esteja exausto. Me permito ser maquiado, monto um quebra-cabeça etc.

Regras existem para ser cumpridas

Mas isso não interfere nem alivia as obrigações deles. Tem hora para tudo: comer, dormir, estudar etc. Também existem regras. Bola dentro de casa, por exemplo, não pode. Ao acordar, cada um arruma a própria cama. Até a Kyara, a mais nova, arruma a cama do jeito dela. A recompensa por cumprir as regras é que Joana e eu entramos no mundo deles; dou minha total atenção e amor a eles. Aprendi muito com minha esposa nesse aspecto. Não temos babá nem empregada.

Outro dia, fui ao supermercado após o treino da noite e comprei presentinhos para eles: um carrinho de montar para o Davi, um kit de esmaltes para Vitoria e Kyara. Na hora da partilha dos esmaltes, as meninas se desentenderam. Kyara, que é muito geniosa, ficou brava e atirou o esmalte na Vitoria, que se desviou, e a tinta acabou atingindo o sofá. Dei uma bronca na pequena: "Vá agora para o seu quarto e não saia de lá até a hora de dormir." Ela foi.

Algum tempo depois, fui ver o que estava fazendo. Estava brincando de boneca. Perguntei:

— Você sabe por que está de castigo?

— Sei — ela disse —, porque joguei o esmalte no sofá.

Eu a abracei e beijei, e disse que teria de cumprir o castigo para aprender a não agir mais daquela maneira. Ela ficou ali, quietinha, até a hora de dormir. Estava livre para brincar, mas não podia sair. A porta permaneceu aberta, e ela obedeceu à regra.

Para poder se dar bem na vida, conviver em paz com outros, é importante aprender a obedecer às regras da nossa sociedade. Para alguns, isso é mais difícil, seja pelo temperamento forte ou pela falta de limites dados pelos pais. Mas sempre é possível aprender.

Na biografia *Carlos Gracie* (Record, 2008), fundador da dinastia de lutadores, sua filha Reila conta como ele era indisciplinado e rebelde na infância e na adolescência. Atirava mangas podres nas pessoas, desafiava os mais velhos. O pai não parava em casa, de modo que ele se criou nas ruas de Belém do Pará, onde moravam. Uma consequência disso foi que só aprendeu a ler e escrever aos dezesseis anos, por iniciativa própria, porque queria ser capaz de escrever cartas a uma namorada.

O meu conselheiro Dan Duke costuma dizer que o maior presente que podemos dar a uma pessoa é a oportunidade de aprender. O segundo maior presente é o acesso à sua vida, seja como pai, amigo ou qualquer outro vínculo, pois a pessoa vai ver como você age e será mais fácil aprender com você. O terceiro presente é enxergar e valorizar a dignidade em cada pessoa.

Voltando à minha rotina, costumo treinar até aos sábados, um período apenas, e aos domingos eu paro. Ficamos muito em casa nos fins de semana, convidamos os amigos para um churrasco e assistimos a DVDs com as crianças. Nessa hora, cada um escolhe um filme diferente, mas nós conversamos e tentamos conciliar.

Às vezes, as meninas vão para o *shopping* com a Joana, e o Davi fala:

— Não aguento mais fazer programas de mulher.

Aí, eu digo:

— Então, fique aqui comigo.

E ele fica, todo feliz.

A maior diversão do Davi é ir ao treino comigo. Ele diz que vai ser lutador. Não me importa se vai ser ou não. O que importa é ele ter caráter, tornar-se um ser humano maduro, um pai de família alegre, um profissional íntegro e justo. Agora é a hora de eles poderem sonhar e brincar. As minhas filhas mudam de ideia a cada instante: querem ser bailarinas, desenhistas, artistas...

Seja qual for o caminho que sigam, é importante que saibam a distinção e, ao mesmo tempo, a ligação entre o *sparring* e a luta. Se tiverem esse discernimento, estarão mais bem preparados para a vida, e o potencial para o sucesso, sem dúvida, será maior.

Capítulo 10

Golpe baixo

Existe um nome para um filho que perde o pai: órfão. Existe um nome para a mulher que perde o marido: viúva. Mas não existe nome para o pai que perde um filho.

No dia 9 de janeiro de 2004, a minha irmã Priscila Belfort desapareceu. Nunca mais foi vista. Nunca tivemos a confirmação de que esteja morta, embora tudo leve a crer que sim. Não tivemos corpo para velar. Não pudemos fazer missa de sétimo dia, que é um momento em que a família e os amigos se reúnem em memória da pessoa que morreu para colocar uma pedra sobre aquilo e seguir com a dor.

Quando alguém está desaparecido, é como se morresse todos os dias. É uma ferida aberta. A minha ferida cicatrizou — trabalhei para isso —, mas, para a minha mãe e meu pai, continua ardendo, doendo, latejando. Cada um lida de maneira diferente com essa realidade. Belfort se ocupa de todas as maneiras, trabalha dia e noite, assim não tem tempo de parar e sentir. Já a minha mãe, Jovita, ainda chora todos os dias. Ela me telefona e chora.

Golpe baixo é como chamamos os golpes desleais nas lutas. É o que o adversário da minha primeira luta, no Havaí, queria fazer valer: dedo no olho, joelhada nos órgãos genitais. O desaparecimento da Priscila foi um golpe baixo na minha fé. As coisas iam bem, o esporte melhorava no mundo, eu estava lutando no UFC e vencendo. Mas, quando o campeão entra na sua zona de conforto, quando ele baixa a sua guarda, aí é que vem o golpe.

Golpe baixo é toda jogada desleal, fora das regras, não permitida. Não deveria ser permitido acontecer o que aconteceu com a minha irmã. Não deveria ser permitido acontecer o que aconteceu com o menino que foi arrastado pelo carro dos bandidos em fuga, nem com a menina que foi atirada pela janela pelo pai e a madrasta. Mas o fato é que coisas terríveis acontecem todos os dias. Como lidar com isso? Como entender?

Certa vez, visitou o Brasil o abade Pierre, religioso francês que percorria o mundo apoiando e incentivando trabalhos sociais em benefício dos pobres. O abade foi entrevistado por vários jornais e uma das repórteres perguntou como ele conseguia lidar com o sofrimento humano, já que passava a vida visitando hospitais e algumas das favelas mais pobres do mundo. Eu nunca esqueci a resposta dele: "Eu faço o seguinte: um dos meus olhos sempre está aberto para enxergar a pobreza, a doença, a miséria e até a violência. O outro eu mantenho aberto para ver o pôr do sol, as flores de um jardim e o sorriso de uma criança." Não sei se essa fala pode consolar alguém, mas certamente acena com alguma esperança.

Também já ouvi uma teoria de que só existe o bem, e que o mal é uma pequena parte dele. Não quero entrar aqui no debate sobre o fundamento dessa teoria, mas, quando me surpreendo com algo, procuro imaginar esse imenso bem, maior que tudo e todos, um bem de origem divina. Assim, confio que, da mesma forma que o mal foi causado, o bem irá, mais cedo ou mais tarde, consertá-lo. Isso tudo são elucubrações, mas de uma coisa estou certo: que Deus é grande, muito maior e mais poderoso que o mal.

Último beijo

Pouco antes de a minha irmã desaparecer, comprei uma casa grande e bonita no Itanhangá, bairro de classe alta próximo à Barra da Tijuca, com o dinheiro do esporte. Ficava no meio da floresta, arquitetura bacana, piscina e churrasqueira. Como havia espaço de sobra e eu viajava muito, levei minha mãe e minha irmã para morar na casa. Assim, elas me ajudavam a cuidar do imóvel e ficavam mais perto de mim.

Naquele mês de janeiro, além da minha família, convidei a família da Joana para nos visitar e se hospedar em nossa casa. Estávamos recém-casados e muito felizes. Foram dias de sol, calor, piscina e churrasco. Todo mundo reunido e em paz, como eu sempre quis.

Na sexta-feira, dia 9 de janeiro, Priscila acordou indisposta e pediu a minha mãe que lhe desse uma carona até o centro da cidade. Ela era funcionária pública da Prefeitura do Rio de Janeiro e trabalhava na Secretaria de Esportes e Lazer. Em frente ao prédio na Cidade Nova, despediram-se com um beijo — e minha mãe não podia adivinhar que aquela seria a última vez em que seus lábios tocariam o rosto da filha.

Uma vez li em um livro o depoimento de um pastor que dizia ter um quadro na parede de casa, onde estava escrito: "Cada momento é um novo momento." Ele dizia que a chave da felicidade é fazer tudo como se fosse a primeira e a última vez. "Quando eu saio de casa para trabalhar, beijo minha mulher como se fosse a primeira e a última vez. Estamos casados há cinquenta anos, e parece que foi hoje que a conheci."

Se eu e a minha família soubéssemos que nunca mais veríamos a Priscila, impediríamos que ela fosse ao trabalho. Mas, como não sabemos de nada, é importante tratar as pessoas que amamos bem, seja agora ou em cada momento da vida.

Se eu e a minha família soubéssemos que nunca mais veríamos a Priscila, impediríamos que ela fosse ao trabalho. Mas, como não sabemos de nada, é importante tratar as pessoas que amamos bem, em cada momento da vida.

Por volta do meio-dia, minha irmã se despediu dos colegas e saiu sozinha para almoçar. Na última vez em que a viram, ela atravessava a passarela em frente à prefeitura, sobre as pistas de alta velocidade da avenida Presidente Vargas. À tarde, minha mãe telefonou para Joana e disse: "A Priscila não voltou do almoço. Ninguém sabe dela." Minha esposa não se impressionou. Imaginou que minha irmã tivesse ido comprar alguma coisa ou pagar alguma conta e que logo reapareceria.

Quando cheguei em casa à noite, encontrei a família reunida na sala, todos com os rostos carregados de tensão. Joana havia escondido de mim até então, para não atrapalhar o meu treino e porque ainda tinha esperança de que Priscila aparecesse. Como até as onze da noite nada aconteceu e como a polícia pede o prazo mínimo de 24 horas para iniciar as buscas, saímos nós dois, Joana e eu, de carro pelas ruas do Rio de Janeiro. Não sabíamos bem aonde ir, mas fomos assim mesmo.

Percorremos os arredores da prefeitura, Praça 15, Lapa. Depois, andamos pelas principais ruas de Copacabana, Leblon, Gávea e Ipanema. Por fim, rodamos o Largo da Barra, Jardim Oceânico e Itanhangá. Quando o dia amanheceu, estávamos passando em frente à praia da Barra e vimos uma moça de costas, cabelos castanhos, andando em direção ao mar. Parecia muito a minha irmã. Parei o carro e corri para ela: "Priscila!" Mas ela se virou e vi que era outra pessoa.

Chegamos em casa exaustos e arrasados, e encontrei meu pai sentado no sofá da sala, chorando. Meu pai é um homem duro, nunca o tinha visto chorar. Nesse dia, ele parecia um menino. Nunca vou esquecer.

Segundo a linha de investigação mais coerente apresentada pela polícia houve um sequestro relâmpago, e Priscila foi levada para dentro de uma favela, para uma boca de fumo. Foi estuprada várias vezes ao longo de dias seguidos, depois assassinada, queimada e sumiram com os restos. Dá para pensar em um golpe baixo mais arrasador?

Vingança

Como lidar com os sentimentos a partir dessas informações? O problema do golpe baixo é que provoca emoções muito ruins dentro da gente. Raiva, ódio, indignação... e a combinação mortal de todos eles juntos, que é a vingança. Vingança significa tomar a iniciativa de ajustar contas com outra pessoa de acordo com seu próprio julgamento, a fim de igualar as coisas ou, além disso, fazer o outro sentir na pele a mesma dor ou dano que lhe causou. Se possível, um dano ainda maior.

O cinema tem muitos exemplos de histórias de vingança, mas um me marcou especialmente: um professor e sua família, recém-chegados em uma nova cidade, passam a ser perseguidos pela turma de *punks* da escola onde ele leciona. O cara é espancado, humilhado, abusam de sua mulher. Os agressores sempre dão um jeito de parecer inocentes perante a polícia, de modo que o jeito é fazer justiça com as próprias mãos. O professor dá conta do recado, e saí do cinema me sentindo realmente satisfeito.

Tempos depois, resolvi banir da minha vida, além dos filmes de terror, aqueles sobre vingança por concluir que são igualmente inúteis.

Embora muitas vezes a vingança seja justificada como tentativa de igualar as coisas, na verdade, seu objetivo é muito mais destrutivo.

Quem busca vingança deseja forçar o outro a passar pelo mesmo que passou com a ilusão de que, ao fazer isso, ele jamais repetirá o erro. Mas quem disse que é com violência que se garante a paz? Violência gera violência, isso sim.

Embora muitas vezes a vingança seja justificada como uma tentativa de igualar as coisas, na verdade, seu objetivo é muito mais destrutivo. Quem busca vingança deseja forçar o outro a passar pelo mesmo que passou com a ilusão de que, ao fazer isso, ele jamais repetirá o erro.

Houve um homem que provou ao mundo que é possível protestar e reagir sem violência. Foi o líder político indiano Mahatma Ghandi. Ele lutou a vida inteira contra o domínio britânico na Índia, e por isso foi preso várias vezes. Nunca incitou o povo a pegar em armas pela independência, pelo contrário, praticava formas pacíficas de protesto, como greves, passeatas, retiros espirituais e jejuns. Apesar disso, morreu vítima de um ato de extrema violência: foi assassinado por um extremista hindu.

Ghandi é um modelo para mim. Existem outras personalidades que são exemplos, como John Lennon e Martin Luther King. Curiosamente, eles também foram assassinados, como se a humanidade continuasse firme em seu propósito de exterminar o amor, onde quer que ele surja acima da banalidade do mundo, como fizeram com Jesus.

O ano de 2004 foi horrível para mim e para minha família. Apesar de ter ganhado o cinturão do UFC no dia 31 de janeiro — menos de um mês após o sumiço da minha irmã —, e mesmo com a notícia da gravidez de Davi, eu não tinha sossego. Minha cabeça fervilhava com um turbilhão de hipóteses: "E se...? E se...? E se...?" Acabava extenuado, sem chegar a qualquer conclusão.

Para piorar, quase todo dia alguém se aproximava de mim e da minha família para dizer: "Conheço uma pessoa que sabe onde a Priscila está." No início, em meio ao desespero, nós acreditávamos em tudo. Depois, fomos entendendo que não adiantava. Então, eu agradecia e dispensava.

Para me afastar dessa pressão e preservar a minha família, que estava começando, decidi me mudar para Belo Horizonte, onde tenho familiares por parte de pai e de mãe. Foi bom porque consegui um pouco de paz para voltar a ler a Bíblia e me aproximar da fé. Passei a frequentar algumas igrejas, mas nenhuma delas me ajudava a obter respostas para as perguntas que queimavam dentro de mim. Cheguei a ter um caderninho onde anotava essas questões internas, eram mais de vinte. Mas, basicamente, o que eu não conseguia entender era: "Por que eu e minha família estamos passando por isso? Por que todo esse sofrimento?"

Apesar de ser inevitável, de nada adianta ficar pensando essas coisas porque não está ao nosso alcance entender. Só quem sabe é Deus. Ele é o criador do universo e também da molécula e do átomo. Ele conhece a história completa, do início ao fim. Ele é também a testemunha que está em todos os tempos e lugares, presenciando todos os fatos. Ele é o Justo, e a Ele entreguei a situação da minha irmã, confiando na resolução. Vou contar como foi esse processo dentro de mim.

Um dia, Joana e eu fomos a uma igreja onde o cantor gospel Fernandinho iria se apresentar. Pela primeira vez em muitos meses, eu me senti bem por dentro. Foi também uma das primeiras vezes em que senti a presença de Deus de uma forma diferente. Não dá para explicar, mas eu senti o Espírito Santo me tocando, me curando as feridas.

Ao fim do culto, fomos até o púlpito agradecer. Fernandinho apertou minha mão e me abraçou dizendo:

— Eu sei quem você é. Acompanho sua carreira nos jornais.

Senti confiança para me abrir e pedi:

— Podemos conversar? Porque eu tenho muitas questões e gostaria de compartilhar com você.

Na verdade, aquela já era a terceira ou quarta igreja em que eu ia. Chamava os pastores para falar, mas nada do que diziam me acalmava ou alimentava a minha fé.

Fernandinho disse que sim, que podíamos conversar, e me deu seu telefone. Liguei no dia seguinte e marcamos um almoço em uma churrascaria. Levei comigo o meu primo Pedro, que é de Belo Horizonte e trabalha comigo. Fernandinho também chegou acompanhado de dois rapazes. Foi logo dizendo: "Hoje eu vou oferecer a minha maior riqueza. Não é dinheiro, são os meus amigos, as pessoas com quem me relaciono." De fato, ele me apresentou ao Nelsinho e Ricardo, pessoas excelentes, e nos tornamos bons amigos.

A churrascaria não era um lugar onde eu pudesse me abrir. Mas, ao fim do almoço, coloquei minha questão para todos na mesa:

— Preciso de ajuda. Alguém que possa me dar uma luz, uma ajuda.

Foi aí que Nelsinho falou:

— Eu tenho um pai espiritual.

Fiquei intrigado, e ele me explicou o significado da paternidade do corpo e do espírito. Eu entendi e disse:

— Também estou precisando de um pai. Me apresente ao seu pai, por favor? Porque eu tenho muitas perguntas, elas são muito profundas. Eu não vou me contentar em ficar sentado no banco de uma igreja, tentando compreender coisas que não estou conseguindo sozinho.

Nelsinho me deu seu telefone e prometeu marcar um encontro para eu conhecer o seu pai espiritual. Em 2006, Dan Duke morava no Brasil, em Belo Horizonte, onde trabalhava como missionário. Foi assim que ele apareceu na minha vida. Não fui eu quem o escolheu, foi Deus quem o colocou na minha frente.

Davi era pequeno. Após o jantar, Joana e o bebê foram dormir e fiquei sozinho. Aproveitei o silêncio para ler a Bíblia. Naqueles dias, eu estava imerso em um capítulo de Romanos que falava sobre os crimes hediondos. Nunca concordei com a lei brasileira, por não ser severa o suficiente com os crimes hediondos. Chamo de hediondo o crime sem propósito, com requintes de crueldade. "Não é possível que Deus perdoe isso", pensava.

Naquela noite, chorei: "Não é justo eu querer vingança, não é justo eu ter ódio, estou em um beco sem saída!" Eu estava em um tormento, perdido, sozinho com aqueles sentimentos horríveis dentro de mim, enquanto a oração chamada *Pai nosso* diz que devemos perdoar os nossos inimigos. Mas eu não queria perdoar naquele momento, queria vingança. Ver os culpados presos, condenados, as circunstâncias esclarecidas.

Então, naquela noite, eu pedi, e Deus falou comigo. Ouvi nitidamente a voz dentro de mim ordenando: "Comece por você: peça perdão às pessoas a quem tenha feito qualquer mal."

Ali estava uma situação que me pegou de surpresa: enquanto eu estava preocupado com uma suposta injustiça da vida, com um "golpe baixo", como se eu fosse a maior vítima do universo, estava sendo confrontado com as injustiças que eu havia cometido. E mais: em vez de ser compensado pelas coisas que fizeram contra mim e contra minha família, eu estava recebendo o desafio de pedir perdão.

Trata-se de uma lógica, literalmente, de outro mundo. Divina mesmo. Sob o ponto de vista puramente humano, a gente quer sempre ver quem nos faz mal pagando por isso. No mínimo, pedindo desculpas humildemente. Mas quem pode atirar a primeira pedra? Quem pode dizer que nunca aplicou um golpe baixo? Guardadas as devidas proporções, cometer um ato de violência contra uma pessoa é um mal, assim como fazer uma fofoca é um mal. Não estou comparando os efeitos de um ou de outro erro, apenas mostrando que, por menor que seja, nossa ofensa também exige reparação.

A VIDA EM REVISTA

Fiz exatamente o que a voz mandava. Visualizei as professoras a quem havia ofendido, as meninas a quem prometi algo que não fiz. Pedi perdão à minha mãe, ao meu pai, a minha irmã. Comecei lá atrás, na infância, e fui passando toda a vida em revista. Isso me fez sentir muito bem.

Ninguém passa pelo mundo sem magoar alguém. Por imaturidade, inconsciência ou por pirraça mesmo. A beleza de revisitar esses episódios com desapego e real disposição para pedir desculpas aos envolvidos é que acabamos perdoando a nós mesmos. Porque temos de explicar ao outro os motivos que nos levaram a agir daquela maneira, e isso nos dá consciência de nossa fragilidade e ignorância. Somos humanos, sim, merecedores de perdão.

Recomendo a todos um exercício fundamental para lidar com as dívidas emocionais. Experimente fazer o seguinte: vá para um local calmo de sua casa, onde não será interrompido por ninguém. Se não houver um lugar assim em casa, vá à praia ou a um parque em dia de semana, quando terá a certeza de ter paz e privacidade. Sente-se confortavelmente e faça o exercício da respiração antes de começar. Depois que estiver relaxado e com o cérebro bem oxigenado, feche o olhos e traga à sua mente a pessoa a quem precisa pedir perdão. Visualize o rosto dela com todos os detalhes que puder lembrar. Inicie ali o processo do pedido de perdão, reconhecendo a ofensa que cometeu. É um exercício simples, mas libertador.

Em seguida, ouvi Deus falar: "Agora você vai perdoar aqueles que o feriram." Aí eu fui confrontado. Esse perdão era mais difícil, mas encarei o menino mais velho que implicava comigo no colégio, aquele outro que me deu o apelido de "orelhudo" por causa das orelhas de couve-flor, as equipes que me caluniaram, aqueles que não me apoiaram. Comecei a chorar muito, soluçar, mas não parei. Eu orava e continuava. Sabia aonde aquilo ia dar, até que veio o desafio maior: "Agora você tem de perdoar aqueles que fizeram mal à sua irmã."

Nesse momento, falei alto: "Deus, eu estou me sentindo fraco para perdoar." Decidi recorrer à Bíblia, à carta de Paulo aos Romanos, onde está escrito:

> Não retribuam a ninguém mal por mal. Procurem fazer o que é correto aos olhos de todos. Façam todo o possível para viver em paz com todos. Amados, nunca procurem vingar-se, mas deixem com Deus a ira, pois está escrito: "Minha é a vingança; eu retribuirei", diz o Senhor [...] Não se deixem vencer pelo mal, mas vençam o mal com o bem.
>
> ROMANOS 12:17-18,21

Deus continuou: "Se você lamenta o desaparecimento da sua irmã, imagine eu que a criei, que a dei a você como irmã; que morri por ela na cruz. Eu sei de tudo. Faço parte de tudo. Você está passando por isso e estou junto de você." Lentamente fui me acalmando... e ouvi mais uma vez: "Descanse. Deixe-me julgar essa situação. Porque, se você tomar alguma atitude, estará atuando em meu lugar. Deixe que eu julgarei." Aí eu descansei, fui dormir.

Eu vinha tomando remédios psiquiátricos, recebia o acompanhamento de um psicólogo, pois estava buscando alívio também na ciência. Naquela noite, eu dormi como há muito tempo não conseguia. Parecia que um caminhão de areia havia sido retirado de cima das minhas costas. Perdoar significa se entregar ao fluxo da vida. É abrir mão do orgulho e da prepotência de achar que somos capazes de dar jeito nas coisas. Não é fácil alcançar esse desprendimento, mas também não sou o único a conseguir.

Perdoar significa se entregar ao fluxo da vida. É abrir mão do orgulho e da prepotência de achar que somos capazes de dar jeito nas coisas.

No incrível livro *Sobrevivi para contar* (Objetiva, 2008), a escritora africana da etnia tutsi, Immaculée Ilibagiza, conta como sobreviveu ao genocídio em Ruanda, em 1994, no qual toda a sua família foi assassinada pela etnia rival, os hutus. Ela conseguiu escapar porque ficou escondida durante três meses no banheiro da casa de um pastor hutu que corria risco de vida por abrigá-la. A autora descreve vividamente as ondas de medo e raiva ao longo do período no claustro, assim como o despertar da consciência de que, se ela odiasse e quisesse matar seus perseguidores, a violência se perpetuaria. Como se não bastasse, após ser libertada, ela foi até a cadeia onde está preso o hutu que matou um de seus irmãos, olhou-o nos olhos e o perdoou.

Mesmo nos golpes baixos há um propósito para vida, nem que seja o nosso crescimento pessoal. Li em algum lugar que grandes tragédias da humanidade precederam grandes feitos e descobertas. As duas guerras mundiais, por exemplo, mataram cem milhões de pessoas, mas por causa delas foram descobertos vários medicamentos, foi criada a ONU, entre outros ganhos. Obviamente, não estou dizendo que as guerras são justificadas pelo progresso, mas que há alguma coisa a se aprender mesmo nos momentos mais catastróficos.

Após a noite do perdão, como chamo aquela noite memorável em que consegui entregar a Deus a resolução do desaparecimento da minha irmã, encontrei Dan Duke. Tinha acordado animado no dia seguinte, planejando ligar para o Nelsinho e pedir a ele que marcasse logo o encontro com seu pai espiritual. Mas, como estava faltando comida em casa, desci e fui ao supermercado em frente.

Enquanto fazia compras, peguei o celular e disquei para o Nelson. Disse a ele que precisava encontrar o Dan e que tinha de ser "hoje, agora". Meu amigo respondeu: "Espere, agora não dá. Estou dentro de um estabelecimento." Perguntei em qual e descobri que estávamos no mesmo supermercado. Continuamos falando e, quando dobramos um corredor adiante, demos de cara um com o outro. Peguei com ele o número do Dan, telefonei e pedi para ir à casa dele naquele mesmo dia. Ele aceitou. Lá fui eu com o meu primo Pedro. Levei na bolsa o meu caderninho com as vinte perguntas.

A porta se abriu e dei com um homem alto, de pele clara, cabelos completamente brancos e pequeninos olhos bem azuis. Ele sorriu generoso e me convidou para entrar. Apesar de estar morando no Brasil há quase um ano, falava mal o português. A conversa foi mesmo em inglês. Compartilhei com ele as minhas questões e ouvi: "Vitor, eu posso até responder a essas perguntas. Mas eu vou responder da maneira religiosa."

Dan me explicou que muitos de meus questionamentos eram mistérios. Ele me conversou comigo e me fez entender que nem sempre Deus nos dá aquilo que queremos, o que vai ao encontro dos nossos desejos, porque nem sempre eles são bons para nós. Isso é muito difícil para o homem entender: que o sofrimento, às vezes, é necessário. Que nem tudo tem explicação mediante o nosso entendimento limitado.

"Temos de viver confiando que a contabilidade de Deus é impecável. Tudo o que é feito aqui é contabilizado por ele", disse Dan. "Graças a isso, podemos viver alegres e felizes com a confiança nas leis de Deus."

Ele me contou a história de Lázaro, que está na Bíblia. Não é o mesmo Lázaro que morreu e ressuscitou. Esse da história era um homem pobre que passou a vida junto ao portão da casa de uma rica família, mendigando o pão que era dado aos cães. Ninguém ligava para ele. Um dia, o homem rico morreu e foi parar no inferno. Lázaro também morreu e foi elevado ao seio de Abraão.

Quando o homem rico viu Lázaro no seio de Abraão, foi pedir ajuda para ver se podia molhar a língua, pois tinha muita sede. Esse pedido lhe foi negado. Ao se dar conta do que suas decisões na terra haviam lhe causado, o homem clamou a Deus para que mandasse um anjo à Terra a fim de alertar seus irmãos para que mudassem seus hábitos. Ao que Deus respondeu: "Não adianta. Nós mandamos os profetas, e não acreditaram. Mesmo que alguém ressuscite, não vão crer."

Gosto muito dessa história. A eternidade é vivida nesse momento. De tudo o que estamos plantando, vamos colher os frutos. Sua eternidade é decidida a cada instante. Essa história nos faz lembrar que o mundo espiritual é real. Não tem passado ou futuro, é aqui e agora. Jesus chamou "bendito" aquele que crê sem ver. Isso é ter fé. O homem de fé acredita no encaminhar dos fatos, no encaminhar da vida, porque Deus está no comando.

Não precisa ficar meditando várias horas por dia, não precisa mostrar que consegue levitar. O que vale é a simplicidade de crer em Deus nos mais simples momentos: uma brisa que chega do nada, as pedras, a terra, as árvores.

Ouça o que deve ser ouvido

A respeito do desaparecimento da minha irmã, Dan me alertou para o fato de que o caso poderia nunca ser solucionado e sugeriu que eu tinha duas escolhas: viver em sofrimento, lamentando, reagindo contra a realidade; ou viver a minha eternidade da melhor maneira possível em cada momento da vida. "O caso da sua irmã está resolvido no plano eterno", ele disse. "Você tem de confiar no Pai." Fui embora com essas palavras reverberando dentro de mim.

Viver a eternidade é estar presente em cada momento da vida. O melhor lugar do mundo é aqui e agora, como diz a música de Gilberto Gil. É diminuir o blá-blá-blá dentro da cabeça e prestar mais atenção ao coração. Muitas pessoas vivem o tempo todo para o amanhã. Pensam: "Um dia, quando eu tiver uma casa, uma esposa, um carrão, quando meu problema for resolvido, serei feliz." Só que, passado esse momento ou resolvido o problema, surge outro... e outro... e assim por diante. Precisamos aprender a apreciar o momento que Deus nos deu agora.

Há uma passagem bíblica em Mateus 6:28-29 que diz: "Por que vocês se preocupam com roupas? Vejam como crescem os lírios do campo. Eles não trabalham nem tecem. Contudo, eu lhes digo que nem Salomão, em todo o seu esplendor, vestiu-se como um deles." Jesus estava apreciando a simplicidade da beleza dos lírios naquele momento. Nós também devemos reconhecer o dom de Deus em nossa família, nos amigos, no sentimento da areia entre os dedos dos pés ao andar à beira do mar, no som dos pássaros; enfim, na beleza e na alegria em todas as estações da vida.

Outro texto da Bíblia afirma que, como o homem pensa no seu coração, assim ele é. Por isso, temos de trabalhar para disciplinar nossos pensamentos para controlá-los, e não o contrário. Hoje posso afirmar com toda clareza da minha alma, com toda sinceridade do meu coração, que, depois que tive contato com o perdão dentro de mim, consegui perdoar as pessoas que fizeram aquilo com a minha irmã. Não foi de uma hora para outra. Foi um processo, mas pela minha fé em Deus, eu consegui. Posso nunca saber o que aconteceu, mas tampouco posso mudar.

A situação da minha irmã se tranquilizou no meu coração. Eu até converso com os meus filhos sobre isso. Eles sabem a verdade. As pessoas criam métodos de vida que são fé barata. Superstições. Eu faço uma barbaridade aqui e bato na madeira; faço outra besteira ali e cumpro um ritual. Isso é nada. Fé é obra. Todo dia. Investir na eternidade é o meu lema. E largar o passado. A escolha de viver a eternidade de uma maneira livre é esquecer o passado, vivendo pelo futuro.

Capítulo 11

Trash talking

Na véspera de toda luta acontece a pesagem. É uma espécie de pré-evento oficial que pode ser assistido pelo público sem a cobrança de ingresso. É o momento em que os lutadores se encontram antes da disputa, quando se reúnem com suas equipes para serem pesados de fato e para determinar a *temperatura* da luta. É tradição, nessa hora, o atleta fazer pose, desafiar o adversário, dizer palavras duras. Às vezes, é um momento de fragilidade: se o lutador perdeu peso ou se houve algum impacto na vida pessoal, pode ficar impressionado com a atitude do oponente e isso influenciará o resultado da disputa.

Trash talking são os xingamentos que um lutador diz a outro na hora da pesagem. Tipo: "Vou acabar com você, te estraçalhar!" Alguns falam coisas piores, ofensivas mesmo. Eu não falo nada. Em lugar disso, crio a minha atmosfera. Como isso funciona?

Certas pessoas têm uma aura ao redor de si, uma empatia. É invisível, mas a gente sente. Isso nada tem a ver com beleza, mas certamente essas pessoas são alvo de admiração. Tampouco tem a ver com dinheiro, mas a aura é uma forma de poder.

Certa vez, Dan me levou a uma reunião de um pastor amigo seu, originário do Texas. Um americano alto, forte, com um chapéu de vaqueiro na cabeça. Ao fim do culto, fomos cumprimentá-lo em uma sala e, quando cheguei perto, minhas pernas tremeram. Havia uma aura de bondade e receptividade nele que me comoveram. Tive vontade de compartilhar minha vida, contar os maiores segredos e as maiores alegrias. Depois, Dan me contou que o rebanho desse pastor é imenso, vem gente de todos os Estados Unidos ouvir a palavra dele.

Tem gente que nasce com essa aura, uma empatia especial. Num dos colégios em que estudei havia um menino que era o líder da turma. Ele também namorava todas as meninas que queria; nem era bonito, pelo contrário, era baixinho e tinha as pernas tortas, iguais às do Garrincha. Soube que, após tentar a carreira de jogador de futebol e fracassar, tornou-se empresário da área de informática e se deu muito bem na vida. Não deu ouvidos a qualquet tipo de *trash talking*.

Quem nasce sem esse dom não deve se desesperar, porque também é possível construir uma aura para si. Algumas personalidades fazem isso estabelecendo um estilo de vida, um jeito próprio de se vestir e se posicionar. Algumas dicas sobre esse tema:

- A aura tem a ver com a comunicação. Não no sentido de falar as coisas certas, mas de estar aberto para ouvir o que as pessoas têm a dizer. A escuta hoje vale dinheiro. Os psicólogos e psicanalistas, em última instância, são pagos para nos ouvir, porque quase ninguém tem paciência e disponibilidade para escutar. Vivemos tão ocupados e centrados em nós mesmos que cada um tagarela sem parar, e sem perceber que está falando sozinho. Prestar atenção ao outro, ouvir realmente o que tem a dizer e responder, estabelecendo um diálogo, é um grande diferencial.
- Você também pode se comunicar por meio de gestos e do olhar. Olhar nos olhos do outro causa impacto, tanto que al-

gumas pessoas não conseguem fazer isso. Já fui apresentado a gente que conversou comigo olhando para a minha testa ou desviando o olhar para todos os lados. Dizem que o olhar da mãe é fundamental nos primeiros meses de vida do bebê. A mãe amamenta e olha nos olhos do bebê, ajudando-o na tomada de consciência de sua nova realidade e existência como ser.

- A comunicação gestual já foi estudada no famoso livro *O corpo fala*, de Pierre Weil e Roland Tompakow. Nele está explicado que, quando cruzamos os braços, por exemplo, estamos inconscientemente nos defendendo do que o outro tem a dizer. Do mesmo modo, uma postura encurvada denuncia cansaço diante da vida, enquanto o peito afundado indica dificuldades afetivas.
- Uma das coisas que mais denuncia idade é a postura. Não adianta fazer plástica e abandonar a coluna à própria sorte. Uma coluna ereta, o peito aberto, o queixo alto indicam uma pessoa bem colocada diante da vida, confortável em seu lugar.

Uma competição de MMA hoje envolve entretenimento, competitividade e lealdade. Sobre esta, eu diria que é possível valorizar a beleza e os valores das artes marciais para praticar a luta de forma limpa e leal. Não é preciso nutrir raiva ou ódio contra seu oponente, mas entrar no octógono com determinação, dedicação, disciplina, autoestima e alegria.

É por isso que eu evito entrar no jogo dos lutadores que falam ofensas na hora da pesagem. Fico tranquilo no meu lugar e deixo o adversário se debater à vontade. Se ele quiser, pode fazer uma dança de guerra igual à dos All Blacks, a seleção de rúgbi da Nova Zelândia, que eu não vou me impressionar.

A minha confiança, nesse momento, é a minha maneira de intimidar o outro. Então, respondo simplesmente: "Obrigado. Amanhã, na hora da luta, você vai ter chance de mostrar tudo o que falou agora."

Quando a gente encontra alguém assim, tão firme, normalmente pensa: “Uau! O cara é uma rocha!”

Não é preciso nutrir raiva ou ódio contra seu oponente, mas entrar no octógono com determinação, dedicação, disciplina, autoestima e alegria. É por isso que eu evito entrar no jogo dos lutadores que falam ofensas na hora da pesagem. Fico tranquilo no meu lugar e deixo o adversário se debater à vontade.

Em certa época, fiquei medroso por causa do que havia acontecido com a minha irmã. Tinha medo de assalto, medo de sequestro relâmpago, medo da violência e de que algo ruim pudesse acontecer a mais alguém da minha família. Muita gente vive assim hoje em dia. Somos bombardeados por notícias ruins de todos os lados. O jornalismo privilegia as notícias ruins. Não é assim só no Brasil, nos Estados Unidos é até pior.

Conheço uma piada em que o filho chega para o pai e pergunta:

— Pai, por que os jornais nunca noticiam as coisas boas? Por exemplo, que eu comi uma fruta hoje e estava deliciosa, que a mamãe ficou boa do resfriado, que a nossa gata teve gatinhos?

O pai respondeu:

— Ah, meu filho, porque isso acontece todos os dias.

O menino continuou:

— E por que os jornais só noticiam terremotos, incêndios, crimes?

O pai pensou e concluiu:

— Porque isso quase nunca acontece.

Quando comecei a ficar com medo disso, medo daquilo, Dan me fez uma pergunta chocante: como eu me sentiria se soubesse que, um dia, morreria em um acidente de carro? Conseguiria entrar no meu carro e dirigir todos os dias? Ele me fez lembrar que Jesus era carpinteiro e morreu pregado em uma cruz de madeira. Cristo trabalhava com madeira e sabia tudo — o princípio e o fim. Imagine como se sentia sabendo que morreria na cruz? Nem por isso ele deixou de trabalhar.

VIVER ENVOLVE ARRISCAR

Tenho grande admiração pela pessoa e pelo profissional que foi Ayrton Senna. Ele costumava dizer: "*I am a racer. I have to be on the edge*" ("Sou um piloto de corridas. Eu vivo no limite"). Na vida é assim: temos de assumir riscos sempre com confiança. É importante fazer a sua parte. Mas a vida envolve riscos que estão fora do nosso alcance, e temos de ir em frente assim mesmo, com a confiança de que vai dar tudo certo.

Quando eu saio de casa, por exemplo, tenho de confiar que a minha família estará segura, que tudo vai ficar bem. Não posso estar em mais de um lugar ao mesmo tempo, não posso vigiá-los. Tenho de orar e confiar. Na hora do *trash talking*, eu relaxo e confio na atmosfera que crio para mim todos os dias. Isso envolve alimentar meu corpo e minha mente com coisas boas, estar feliz e em paz ao lado da minha família e, principalmente, não encarar a luta como a coisa mais importante do mundo.

Não são poucas as lutas que perdemos por antecipação quando nos deixamos intimidar. E o que não falta nos esportes, na vida profissional, enfim, na vida de forma geral são pessoas que usam *trash talking* contra nós. A questão é: você dá ouvidos a essas influências negativas? Você permite que sugestões de derrota e vergonha comprometam sua autoconfiança?

Aos sete anos, disputei uma competição de judô em que havia um garoto bem mais forte que eu. Lutei com um menino e ganhei, ele lutou com outro menino e também venceu. Vi que íamos nos confrontar na final e fiquei tão impressionado com o tamanho e a boa preparação dele que perdi a luta dentro da minha cabeça. É claro que o resultado do lado de fora foi o mesmo: perdi. Nesse caso, o menino nem precisou me intimidar, eu mesmo cuidei disso.

Aos sete anos, disputei uma competição de judô em que havia um garoto bem mais forte que eu [...] Vi que íamos nos confrontar na final e fiquei tão impressionado com o tamanho e a boa preparação dele que perdi a luta dentro da minha cabeça. É claro que o resultado do lado de fora foi o mesmo: perdi. Nesse caso, o menino nem precisou me intimidar, eu mesmo cuidei disso.

Pior do que ser intimidado com o que se ouve é quando esse processo parte de você mesmo. A autointimidação tem a ver com os sabotadores e a baixa autoestima. Mas também podemos estar em um mau dia ou sob a influência de algo fora da nossa rotina. Uma amiga da Joana que quer ser jornalista foi do interior de São Paulo para a capital para fazer a prova de admissão como estagiária de um grande jornal paulistano. A prova era difícil, mas ela estava bem preparada.

Na hora da dinâmica de grupo, porém, viu que um candidato se mostrava especialmente desenvolto e que sabia falar bem inglês, idioma que ela ainda não dominava bem. Não teve saída: na hora da prova oral, ela ficou tímida, intimidada. Não foi aprovada, mas a surpresa maior é que o candidato que se mostrava "o cara" também não foi. Isso ficou como um ensinamento para ela confiar mais no próprio potencial.

Uma forma de se proteger dessa armadilha é trabalhar a intenção. Não se trata de um desejo ou um pedido, mas de um compromisso que estabelecemos conosco, em nosso coração. Quando a intenção é clara, temos mais chances e energia para ser bem-sucedidos. Porque a intenção é como uma luz dentro de nós, iluminando o caminho. Não vamos sentir medo nem esmorecer porque a luz está brilhando.

Criar a atmosfera também inclui me preservar do lixo que algumas pessoas jogam em cima de mim. Um dia antes de uma luta recente, no Rio de Janeiro, um dos treinadores entrou na minha casa, dizendo: "Conheci um aluno do seu oponente. Ele me disse que o cara é forte pra caramba!" Eu fiquei quieto, mas dei um jeito de despachar o treinador bem rápido. Minha vontade era dizer: "Pega esse peso e carrega para fora daqui!"

A decisão de aceitar ou não o lixo que despejam sobre nós é de cada pessoa. Por exemplo, certas vezes não atendo ao telefone. Olho o número, sei que é uma pessoa negativa, que vai me aborrecer, e não atendo. Infelizmente, as pessoas têm a tendência de levar você a lugares que não são bons. Por isso, sou muito cuidadoso com as minhas amizades. Procuro ser simpático com todo mundo, sou uma pessoa fácil de se relacionar. Mas poucos têm acesso à minha alma, à minha intimidade.

Preservar-se dos outros não é egoísmo nem vaidade, é simplesmente proteção. Temos de pedir proteção a Deus, mas também fazer a nossa parte. Não saio por aí contando minha vida pessoal para qualquer um. Tampouco compartilho questões de trabalho com gente que não está envolvida diretamente nos meus negócios.

Outra coisa que aprendi com a minha esposa é que meu lar e minha vida são o meu templo. Levei muito tempo para construir esse templo, com muito esforço. Faço tudo para protegê-lo de curiosos e de quem não tem nada para oferecer. Não digo em termos materiais — falo de amor, carinho e troca. Não me interessa perder tempo com quem não vale a pena.

Atmosfera

Tenho grandes amigos de infância, que vejo sempre que estou no Brasil. Mas também sou aberto a novas amizades. O meu critério para selecionar amigos é muito pessoal. Eu simplesmente sinto se a pessoa é legal ou não. Isso passa pelo jeito de olhar, pelo sorriso. A inveja e a cobiça normalmente transparecem no olhar, e quem for um pouco mais atento é capaz de perceber. Um sorriso aberto, por sua vez, mostra que a pessoa não tem muito o que esconder.

Também consigo sentir a atmosfera da pessoa: é uma presença tranquila ou causa agitação? Quanto mais harmoniosa for sua atmosfera, quanto melhor eu me sinta ao lado dela — esses são os indicadores de um bom amigo ou, pelo menos, de uma companhia positiva.

O verdadeiro amigo não compete e não se ressente diante do sucesso do outro. Pelo contrário, ele se alegra e comemora, mesmo que não esteja tendo sucesso na própria vida naquele momento. Da mesma forma, só a verdadeira amizade é capaz de suportar uma longa ausência ou mudanças radicais no curso do destino. Infelizmente, algumas acabam se perdendo nas curvas do caminho.

Tenho um grande amigo que vive hoje na França. Nunca moramos na mesma cidade; antigamente ele morava em São Paulo e eu no Rio. Nós nos conhecemos aos dezessete anos em uma competição de jiu-jitsu no interior de Minas Gerais, fomos com a cara um do outro e trocamos endereços; na época, não havia e-mail. Desde então, nunca perdemos contato. Hoje ele está casado com uma francesa, e eles têm uma linda filhinha. Já fomos visitá-los em Marselha, onde moram, e disse que precisam nos visitar em Las Vegas.

Uma atitude ofensiva, vinda de qualquer pessoa, é para mim como se o meu adversário se aproximasse com um cheeseburguer bem engordurado, rodeado de batatas fritas transbordando em óleo, e jogasse tudo em cima de mim. Mas sabe o que eu faço? Pego a minha alface orgânica e mastigo calmamente na frente dele. Não estarei fingindo. Porque me preparei, treinei a minha mente para reagir assim a fim de não deixar que a provocação do outro me influencie.

O verdadeiro amigo não compete e não se ressente diante do sucesso do outro. Pelo contrário, ele se alegra e comemora, mesmo que não esteja tendo sucesso na própria vida naquele momento.

Existem várias maneiras de lidar com as provocações de modo que não atinjam você ou que, pelo menos, o dano seja reduzido. Vou citar algumas delas a seguir.

Surpresa

Uma vez fui com um amigo visitar um canil em Jacarepaguá. Era um canil de luxo, eles buscavam os cães em casa de van com ar-condicionado. Mas o meu amigo queria mesmo comprar um filhote da raça terra-nova, que criavam lá.

O canil era uma casa linda com piscina, gramado, e os donos deixavam os cães soltos. Conversa vai, conversa vem, ele nos contou que possuía um leão de estimação. Como assim? O leão se chamava Leopoldo e morava no segundo andar da construção onde funcionava o canil. Fomos até lá ver e fiquei com pena do leão, ali, solitário. Mas ele interagia com os cachorros a distância. Quando a cachorrada começou a latir muito, todos ao mesmo tempo, Leopoldo deu um único rugido e todos se calaram imediatamente. Silêncio total.

Essa é uma forma de lidar com a provocação. Você deixa o oponente avançar, avançar e, de repente, responde de maneira expressiva, causando surpresa.

Desarme

"Gentileza gera gentileza", como costumava dizer e escrever o profeta Gentileza, um idoso de barba e vestes brancas que circulava nas redondezas da rodoviária do Rio de Janeiro escrevendo essa frase nos muros e pilastras dos viadutos. Se a provocação do seu oponente não for pessoal — se ele age assim com qualquer pessoa —, experimente tratá-lo bem, com toda deferência e gentileza. Vai desarmá-lo em dois tempos.

Invisível

Meus filhos têm um livro de histórias em que um lobo tenta assustar um grupo de intelectuais formado por uma vaca, um pato e um porco. Os bichos estão quietos, lendo, e vem o lobo incomodar. Mas a vaca sempre dá a ordem: "Ignorem", e continuam com suas leituras. Uma das coisas que mais irrita o provocador é ser ignorado. Quando alguém vier com *marra* para o seu lado, faça como os bichos da historinha: ignore.

Seja qual for sua postura, o importante é que lembre qual o objetivo de quem se vale de *trash talking*: minar sua autoconfiança. Só depende de você não se deixar intimidar e, dependendo da sua reação, é possível que reverta os efeitos do lixo que tentam jogar sobre você.

Capítulo 12

Octógono: tire os sapatos que esse lugar é santo

A forma de octógono foi eleita pelo UFC não apenas como formato diferenciado de ringue para o MMA, mas também visando à segurança dos lutadores e à justiça nas disputas. As altas paredes, de 1,70m, impedem que os atletas caiam ou sejam arremessados para fora do octógono. A ausência de esquinas evita que um lutador seja encurralado por outro sem ter como sair. Os nove metros de diâmetro são espaço suficiente para que todas as modalidades de artes marciais envolvidas possam ser usadas livremente.

Dentro do octógono, enquanto a luta estiver em curso, só pode haver um árbitro responsável por vigiar de perto os competidores e, se necessário, interromper a disputa. Quando termina um *round*, portas laterais são abertas e é permitido entrar um *cutman* e um *corner*. O restante da equipe pode incentivar os atletas com palavras de ânimo, mas fica do lado de fora.

Quando entro no octógono, é como se o tempo parasse. É a eternidade vivida na prática, em cada segundo. É como se todo o esforço e toda a energia de meses de treinamento físico e mental convergissem em um só momento. Dizem que ser iluminado é estar presente em cada momento. Mal comparando, eu diria que a sensação de estar no octógono é semelhante a isso.

Dizem que ser iluminado é estar presente em cada momento. Mal comparando, eu diria que a sensação de estar no octógono é semelhante a isso.

Existe um lugar perto de Las Vegas que vale a pena conhecer. É o Grand Canyon. Dá para ir da cidade até lá de carro, são quase cinco horas de viagem. Quando recebo visitas e não há tempo suficiente, recomendo um passeio de helicóptero. Várias empresas na cidade oferecem pacotes. Pegam o turista onde estiver, levam ao heliporto e de lá são 45 minutos sobrevoando o deserto, o Lake Mead — o maior lago artificial dos Estados Unidos, de onde vêm a água e a energia que abastecem Las Vegas — e, finalmente, o grande cânion com o rio Colorado no fundo. Alguns helicópteros pousam no interior das montanhas, de modo que é possível desfrutar um pouco do silêncio, do perfume, da beleza e da paz desse lugar.

O Grand Canyon é um lugar que nos inspira. O chão é coberto de pedras soltas, bem difícil de caminhar, como pode ser a própria vida. As imensas paredes do cânion nos dão a noção da nossa pequenez. Como se não bastasse, os variados tons de vermelho em seu interior refletem cerca de 2 bilhões de anos da história geológica da Terra, levando a gente a se defrontar com a insignificância do homem. O que é a vida humana diante disso? Nada. Mas, ao mesmo tempo, é tudo, porque a gente nasce, vive, ama, trabalha, tem filhos, morre. Cada ser humano é uma história; cada vida, um universo.

Apesar do clima árido, o interior do Grand Canyon é cheio de vida. Do meio das pedras ásperas do chão brotam cactos variados, alguns altos do tamanho de uma árvore, todos com lindas flores, tornando colorido o deserto. Um dos mais impressionantes é um cacto baixo, verde por dentro, mas recoberto de um espinheiro tão duro que parece aço. Isso nos faz lembrar que, mesmo de onde esperamos nada, podem surgir a beleza, a vida, a força e até a abundância.

O rio Colorado nasce nas montanhas rochosas do Arizona e atravessa cinco estados americanos, indo desaguar no Golfo da Califórnia, no México. Ele ajudou a "cavar" o Grand Canyon e fornece a água que enche as piscinas e alimenta os inúmeros chafarizes de Las Vegas. Esse rio é muito longo e antigo. Ele atravessa a região mais árida da América do Norte, e sua água continua a jorrar. É uma representação do amor e da bondade de Deus, cuja fonte é permanente, nunca vai secar.

Sempre gostei de lugares próximos da natureza. Eles nos ajudam a redimensionar nossos problemas. Porque, enquanto alguém arranca os cabelos por não conseguir pagar as contas, o Grand Canyon continua igual. Antes de essa pessoa nascer, ele já estava lá. Depois que ela morrer, endividada ou não, ele também vai estar. Supondo que o mundo acabe — quer dizer, que as pessoas acabem —, as paredes vermelhas permanecerão firmes.

Segurança

O contato com a natureza também ajuda a relaxar e ter a certeza de que, mesmo que a nossa vida esteja de pernas para o ar, existem ordem, beleza e perfeição sem que ninguém precise se ocupar disso. A natureza simplesmente existe e se autorregula. Isso transmite segurança, pelo menos para mim. Como se eu soubesse que, mesmo que esteja em dificuldade, mais cedo ou mais tarde o que necessito chegará as minhas mãos, pois também sou parte da natureza.

Quando criança, uma situação de muita alegria para mim era viajar com meu pai nos fins de semana e feriados para a fazenda de meu tio Flávio em Betim, Minas Gerais. A fazenda era local de reunião da minha família por parte de pai, então havia sempre muitas crianças lá. Éramos ao todo nove primos de diferentes idades — Guilherme, Rodrigo, Eduardo, Bruno, Henrique, Tetê, Flavinha, Priscila e eu —, brincando juntos de correr, tomar banho de rio, andar a cavalo. O meu cavalo era o Cambará, o mais arisco, porque eu só gostava de cavalo bravo. Uma vez ele empinou, eu caí e quebrei o braço. Passei o dia todo sentindo dor, mas não falei nada para não ser levado embora.

Eu amava a fazenda. À noite, ficávamos na varanda imaginando o que iríamos ser quando crescêssemos. Pensava: "Tudo o que os meus pais não puderam me proporcionar, eu vou realizar. Vou ter casa própria. Vou ter minha esposa, ela vai ser loura. Vou ser um lutador famoso aos dezenove anos." No meu coração de criança, isso já era uma forma de declarar propósitos, mas eu não sabia.

Como já disse, todos os dias eu converso com Deus. Quando tenho um pouco mais de tempo livre, especialmente de manhã cedo, dedico pelo menos uma hora a isso. Nossa residência é grande e confortável. Por causa da crise, eu a comprei pela metade do preço. A decoração é em tons claros e há várias entradas de luz natural. A cozinha não tem divisória, por isso temos um único grande cômodo central com sala de estar, sala de tevê e uma mesa enorme de mármore escuro, onde nos reunimos para comer. Na parede da sala, pendurei um quadro com uma pintura da praia de Ipanema (com o morro Dois Irmãos ao fundo) ao entardecer.

Temos um jardim com piscina, mas, como Las Vegas foi erguida no meio do deserto, é difícil cultivar plantas. A solução é arrumar os canteiros com folhagens e pedras claras, como são as pedras do deserto de Nevada. Uma erva que se dá muito bem nesse clima é o alecrim.

Ele é usado na ornamentação de jardins e de canteiros nas ruas. É engraçado, porque no Brasil nós o usamos como tempero de comida.

Quando o vento sopra em Las Vegas e sentimos o aroma forte e estimulante do alecrim, cantarolamos com nossos filhos: "Alecrim, alecrim dourado/Que nasceu no campo sem ser semeado/Foi meu amor que me disse assim/Que a flor do campo é o alecrim." Hoje eu posso dizer que tenho um verdadeiro lar. Joana, como a mulher virtuosa de Provérbios 31, edificou nosso lar e fez dele um lugar agradável e aconchegante.

Todos os dias acordo ao som de músicas cristãs que a Joana coloca para começarmos o dia bem. São músicas lindas, que tocam o coração. As letras falam de Deus e variações sobre estar com ele. Fecho os olhos e deixo a música me levar. Caminho a esmo pela casa. Às vezes, eu me deito no chão, e a nossa cadelinha da raça shitzu, chamada Lua, vem ficar perto de mim. Me permito falar livremente, sem preocupação com o sentido. As palavras saem desconexas a princípio, mas aos poucos vão se organizando. Quando me dou conta, estou agradecendo, compartilhando com Deus assuntos que estão dentro de mim, nos quais era preciso lançar luz.

É comum isso: começo esse momento de espiritualidade sem objetivo específico, e no meio surge uma questão da vida atual. É como se a questão sobressaísse, e a solução viesse junto. Também é um espaço em que eu abro a vida por mim e para mim. É a hora em que as coisas se ajeitam dentro de mim. Eu não faço nada, é Jesus quem faz. Ele retira uma peça daqui, move outra ali. Às vezes, eu choro. E quando termina, estou leve como uma criança.

É comum isso: começo esse momento de espiritualidade sem objetivo específico, e no meio surge uma questão da vida atual. É como se a questão sobressaísse, e a solução viesse junto.

Joana e eu ensinamos nossos filhos a orar. Davi já tem um relacionamento firme com Deus, Vitoria e Kyara ainda estão aprendendo. Todos os dias, ao dormir e acordar, oramos junto com eles. Tem uma história que o Davi adora contar, de nossa aventura no mar. Graças a uma oração dele, tudo acabou bem. Se não foi totalmente por causa da oração, ela com certeza ajudou.

Quando meu filho tinha três anos, após uma luta que venci, tiramos uns dias de férias em um hotel em Angra dos Reis. Um dia após o almoço, Joana ficou tomando sol na areia e nós alugamos um barquinho a vela, sem motor. Davi, que sempre teve espírito aventureiro, apontou uma pequena ilha em frente à praia e disse: "Quero ir até lá!" Não me agradou muito a ideia, mas não queria demonstrar medo e concordei.

Na metade do caminho até a ilha, começamos a nos dar conta de que era muito mais longe do que pensávamos. Perguntei ao Davi se já não estava bom, se podíamos voltar. Ele insistiu: "Quero tocar a ilha." O papai aqui, querendo mostrar que podia tudo, foi em frente.

Quando chegamos perto da ilha, o vento parou. Nós nos aproximamos e vimos que era uma única rocha cuja imensa ponta sobressaía na superfície do mar. Davi tocou em algumas pedras ao redor da ilha e as ondas começaram a bater, nos jogando contra elas. As pancadas foram se tornando cada vez mais violentas até que me dei conta: o barco ia quebrar. Senti um desespero por dentro, e Davi percebeu:

— Papai, nós vamos morrer — choramingou.

— Relaxe, isso não vai acontecer — afirmei.

Passou um barco ao longe, começamos a acenar. Mas pensaram que estávamos dando "tchau", acenaram de volta e se foram. Passou um segundo barco e gritamos: "Socorro, socorro!", mas seus ocupantes também acenaram e foram embora. Era fim de tarde, o sol começou a descer. Joana, na areia, já estava preocupada.

Comecei a fazer brincadeiras para não transmitir insegurança ao Davi: "Que bacana, vamos dormir nessa ilha hoje. O único problema vai ser achar água e comida." Por dentro, pensava: "Deus me ajude a encontrar uma saída!"

Foi então que tive uma ideia: pular na água e bater as pernas até tirar o barco dali. Foi o que fiz, porém logo senti uma corrente fortíssima que nos levava para o oceano. "Papai, você vai morrer! O tubarão vai comer você!" Eu tentava encontrar fôlego para tranquilizá--lo enquanto batia as pernas, mas estava ficando cada vez mais difícil.

Lá pelas tantas, meu filho se ajoelhou no meio do barco e começou a orar: "Senhor Jesus, quero pedir perdão pelas minhas malcriações. Nunca mais vou fazer malcriações. Por favor, nos salve." De repente, o barco escapou da minha mão. Pensei que era a corrente, mas não: era o vento que tinha voltado a soprar. Subi na embarcação, arrumei a vela na direção certa e começamos a voltar.

Quando já estávamos bem perto da praia — Joana e o marinheiro de quem havíamos alugado o barco nos esperavam juntos —, eu disse: "Filho, sua oração deu certo, você viu?" Davi sorriu e me abraçou.

Segredo da força

"Ora que melhora", diz a frase que circula em automóveis no Rio de Janeiro, em um adesivo que se cola no vidro do carro. Tem gente que diz que não sabe orar, mas não tem mistério. Pode começar conversando com Deus como se ele estivesse na sua frente, como um amigo. Comece agradecendo por tudo de bom que tem, depois abra seu coração, diga o que está incomodando, peça solução. No fim, se despeça e marque logo o próximo encontro.

Orar fortalece a autoestima e nos conforta: não estamos sós. Como é mais fácil resolver as coisas: sozinho ou com ajuda de alguém muito mais sábio e poderoso que você? A fé é parte essencial do ser humano. Linhas da psicologia já aceitam que o homem é formado de corpo, alma (mente, vontade e emoções) e espírito. Estudos comprovam que a fé ajuda a curar depressão porque cria um sentido para a vida da pessoa, e ela já não se sente tão só. Sem falar em outras doenças.

Orar fortalece a autoestima e nos conforta: não estamos sós. Como é mais fácil resolver as coisas: sozinho ou com ajuda de alguém muito mais sábio e poderoso que você?

Alguns benefícios de cultivar a espiritualidade são os que se seguem.

Equilíbrio

A vida é semelhante a uma montanha-russa. Se não temos um mínimo de equilíbrio por dentro, passamos o tempo subindo e descendo e girando em *loopings* alucinados à mercê do humor dos outros e das novas situações que se apresentam todos os dias. Orar dá equilíbrio. É o amparo interno que nos permite saltar da montanha-russa com os cabelos arrumados, as roupas em ordem, as pernas firmes e a expressão serena. E, principalmente, prontos para uma nova rodada no brinquedo.

Segurança

Orar dá muita segurança. É um recurso que está à nossa disposição 24 horas por dia. É como um poste firme dentro de nós, no qual podemos nos agarrar, aconteça o que acontecer. Podem vir tempestades, furacões, tsunamis, mas esse poste é fincado nas profundezas da terra, nada é capaz de arrancá-lo do lugar. Manter-se agarrado a ele é garantia de salvação.

Ânimo

Todo mundo tem dias em que acorda desanimado. A palavra "ânimo" é derivada de *anima*, que significa "alma", em latim. Orar nos aproxima da nossa alma e a alimenta. Fortalece o ânimo e funciona como um remédio para o desânimo. O melhor é que não tem contraindicação.

Alegria

É a essência da vida. Uma criança saudável, um lindo dia de sol, um animal de estimação; todas essas coisas são manifestações da alegria. Mas, quando estamos tristes, não conseguimos enxergar nada disso. É como se uma nuvem de chuva pairasse sobre as nossas cabeças. A oração é o vento que sopra a nuvem, empurrando-a para longe. Torna o coração leve e propenso à alegria pelas coisas simples da vida: estar vivo, caminhar por conta própria, ter olhos para ver o azul do céu, o verde das árvores. Alegria de ser.

Convicção

Orar também nos ajuda a manter firmeza em nossos propósitos. Os outros podem provocar desarmonia e dúvida, mas continuamos acreditando no que é precioso e importante para nós, porque temos respaldo interno para isso.

Humildade

A noção de que somos ignorantes e impotentes perante Deus e de que temos de nos submeter à sua vontade vem com a oração. Mas também temos liberdade para pedir o que quisermos a ele. Deus tem tudo em suas mãos, ele nos ama e certamente sua vontade é o melhor para nossa vida.

Gratidão

Agradecer diminui a ansiedade e nos faz sentir ricos e satisfeitos. Basta olhar em volta para ver quantas coisas boas você já tem: uma casa para morar, uma cama para dormir, saúde, o sorriso de um amigo. Outras pessoas têm muito menos. Às vezes, não têm nada. Pior é ter e não conseguir ver, ou achar que é pouco.

Senso de missão

A missão está ligada ao talento, ao dom que Deus nos deu e ao sonho dentro de nós. A fé ajuda a nos manter na direção de nossas realizações. Mantém acesa a chama da esperança e ilumina a consciência de que o caminho é mais importante do que a chegada. Vamos apreciar a beleza do caminho.

Graça

Orar constantemente nos faz viver em estado de graça. Esse é um estado que conjuga tudo o que falei antes: alegria, gratidão, ânimo, convicção. A pessoa em estado de graça ilumina os lugares aonde vai. É fonte de luz e alegria para todos ao redor.

Capítulo 13

Striker

Striker É O LUTADOR QUE AVANÇA para o adversário aplicando uma série de golpes, fazendo-o retroceder. Ele não dá chance ao oponente para revidar e, assim, ganha vantagem. Enquanto o lutador está em pé, ele tem melhor visão da luta e possibilidades de escolher que golpes dará. Da mesma forma, temos de aproveitar os bons momentos da vida para nos organizar e planejar os próximos passos, a fim de identificar boas oportunidades ao redor. Melhor fazer isso com paz e tranquilidade do que sob a pressão de problemas financeiros ou afins.

A fábula da cigarra e da formiga tem fama de capitalista, mas a moral verdadeira é esta: não devemos esperar o inverno chegar para pensar na comida, mas trabalhar com constância para poder comer e descansar depois. Atualmente, boa parte do meu tempo é dedicado a pesquisar as melhores formas de licenciamento da marca Vitor Belfort. Minha estratégia é me associar a grandes empresas, ganhando margem menor de lucro, mas estar ali, presente. O mais importante, a meu ver, é me associar a pessoas capazes e que tenham visão de negócio e princípios semelhantes aos meus.

Quando trabalhei para o UFC como embaixador da marca no Brasil, a fim de encontrar empresas que atuassem como patrocinadoras dos eventos de MMA no país, um dos executivos que me recebeu perguntou:

— Quais são os seus valores empresariais?

Percebi aonde ele queria chegar e respondi:

— Eu vim aqui não porque quero dinheiro, mas porque gosto da sua marca e porque acredito nela.

Hoje me vejo como uma empresa. Faço isso há muito tempo. Mas não foi sempre assim. Tive várias ideias e desejos, mas não sabia lidar com dinheiro. Fui aprendendo com o tempo e com prazer. Até hoje estou aprendendo. Na verdade, da parte financeira quem cuida é a Joana. É ela quem investe, compra, vende e administra nosso dinheiro. Eu prefiro só negociar, e nisso sou muito bom. Sou um ótimo negociador.

Certa vez, perguntei ao meu amigo Márcio Alaôr, vice-presidente do Banco BMG: "Como faço para me tornar um homem de negócios?" Ele respondeu que o maior sucesso que um homem pode ter é trabalhar com aquilo que gosta, ama, sente paixão. Isso, pelo menos, eu já consegui. Àqueles que ainda não descobriram, eu recomendo que procurem se lembrar do que gostariam de ser quando tinham dez ou doze anos. Isso dá uma pista. E que olhem para dentro de si mesmos e peçam resposta. Porque o talento mora dentro da gente. Só precisamos abrir espaço para ele se manifestar.

Hoje me vejo como uma empresa. Faço isso há muito tempo. Mas não foi sempre assim. Tive várias ideias e desejos, mas não sabia lidar com dinheiro. Fui aprendendo com o tempo e com prazer.

Quando eu tinha doze anos, fui trabalhar com meu pai na empresa de engenharia que ele criou com um sócio. Entrei como *office boy* e aprendi com os rapazes que faziam esse serviço. Eles me ensinaram a separar documentos e me levavam com eles para fazer entregas. Era o mês de janeiro e todos os meus amigos estavam de férias, mas eu estava lá, trabalhando. Não tinha a necessidade de trabalhar, mas entendi que era necessário para a minha formação naquele momento.

A empresa ficava no centro da cidade. Ia de carona com meu pai, de carro, e voltava à tarde, de ônibus. Eu gostava porque também era uma oportunidade de estar com o meu pai. Ele costumava ouvir o noticiário esportivo no rádio do carro, e até hoje sei de cor as vinhetas dos comentaristas.

Aos dezessete anos, no entanto, quando estava em Los Angeles com o Carlson, recebi um telefonema de minha mãe avisando que ela e minha irmã estavam se mudando para a casa da minha avó Nininha. O motivo era que meu pai havia quebrado. Os lucros não foram investidos corretamente e a empresa faliu. Em outras palavras, quando a minha vida começou a melhorar, minha família estava na pior no Brasil.

Não sei o que é pior: nascer em uma família pobre ou em uma família mediana que, de repente, perde tudo. Nós sempre moramos em apartamento alugado. Minha mãe dependia da pensão dada pelo meu pai para pagar o aluguel. Por isso, foi preciso mudar para outro endereço.

Competição em todo lugar

Apesar da dificuldade, meu pai não baixou a guarda. Ele nunca ficou sem fazer nada. Estava sempre procurando algo para se ocupar, produzir. Como gostava de esportes, após o fim da empresa montou um time de vôlei em Belo Horizonte, o Minas Tênis Clube. Esse time venceu a liga várias vezes seguidas.

Hoje meu pai é meu sócio na Kyvida, mora no Rio de Janeiro e, além de me ajudar na busca de novos talentos para ao MMA, acompanha a construção da primeira academia de uma rede que terá o meu nome. Será no condomínio Rio Mar, na Barra da Tijuca.

Em uma sociedade competitiva como a nossa é preciso diversificar. Isso requer que sejamos uma espécie de coringa do baralho. Essa carta sempre me encantou e intrigou por sua capacidade de transformação no sentido de facilitar a vitória do jogador. Eu quero ser como um coringa que entra em vários jogos, adaptando-me às situações, rumo à vitória. Por isso, aposto também em uma marca de roupas esportivas com o meu nome.

Neste momento, estamos trabalhando para melhorar o *design*, ampliar a produção e comercialização. A notícia correu no mercado e fui procurado por um jovem comerciante de roupas disposto a se tornar meu sócio. Nós nos sentamos para conversar e expliquei a ele a minha maneira de ver a vida, porque é essa a direção que os meus negócios devem seguir. Disse ao candidato a meu sócio que o mais importante para mim é que a empresa seja digna, que tudo seja feito às claras, que a produção seja realizada por trabalhadores com todos os seus direitos assegurados. Porque eu só posso me associar a empresas com esse perfil — e não somente para cuidar da minha imagem; é porque acredito mesmo nisso. Quero chegar em casa todos os dias, olhar o rosto dos meus filhos e saber que eles têm orgulho do que eu faço e como o faço.

Disse ao candidato a sócio que o mais importante para mim é que a empresa seja digna, que tudo seja feito às claras, que a produção seja realizada por trabalhadores com todos os seus direitos assegurados. Porque eu só posso me associar a empresas com esse perfil — e não somente para cuidar da minha imagem; é porque acredito mesmo nisso.

Tem uma piada engraçada. O professor perguntou às crianças da turma sobre a profissão de seus pais.

— O meu é bombeiro — disse um menino.

— Que profissão nobre — aprovou o professor.

— O meu é médico — falou o outro.

— Que profissão necessária — elogiou o mestre.

Quando chegou a vez do Joãozinho, ele disse:

— O meu pai é dançarino em boates. Ele dança de tanga, e as mulheres colocam dinheiro na tanguinha dele.

Todos riram e, no fim da aula, o professor foi consolar Joãozinho, porque ele devia se sentir bastante envergonhado com a profissão do pai. O garoto confessou:

— O meu pai não é dançarino, ele é político. Mas eu tenho tanta vergonha dessa profissão que invento outra para ele.

Obviamente, essa piada reflete um sentimento histórico da população brasileira em relação à classe política, mas não se pode generalizar. Mesmo diante de tantos escândalos e falcatruas, sabemos que há pessoas com princípios nas esferas do poder. Mas essa piada aponta para outro tipo de constatação: que muitas crianças têm pais ricos, mas não sentem orgulho de falar sobre o que eles fazem ou sobre quem são.

Após o rapaz me garantir a idoneidade de sua empresa, eu disse: "Ótimo, a primeira conversa já tivemos. Agora eu preciso ver como estão as finanças, a maneira como você conduz o negócio." É o que se chama nos Estados Unidos de *open books*. É também a maneira de provar que aquilo que o empresário diz é verdade.

VÁ À LUTA

Não fico apenas sentado esperando que as pessoas venham até mim. Também vou em busca de parceiros que me permitam realizar as várias coisas que tenho vontade: jogos eletrônicos, mídia social, alimentos saudáveis. A menina dos meus olhos agora é uma rede social que inventei, o Fan's Channel. Tive essa ideia há muito tempo, quando ainda não existia Orkut ou Facebook. Hoje as redes valem milhões mesmo sem precisarem comercializar nada. Seu maior valor é a transmissão de informações.

O Instagram, por exemplo, aplicativo que permite tratar e compartilhar fotos em diversas redes sociais, com menos de dois anos de existência, foi comprado pelo Facebook por cerca de dois bilhões de reais. O brasileiro Mike Krieger, cofundador da empresa criadora do aplicativo, ganhou muito dinheiro com a negociação.

O Fan's Channel está em fase experimental e deve entrar no ar até o fim de 2012. A ideia é permitir que os fãs de determinado artista, cantor, esportista ou escritor possam se reunir em torno dele e falar com ele pessoalmente.

A diferença das outras redes é que no Fan's Channel a personalidade tem de provar que é ela mesma. Não será como o Facebook e o Twitter, em que existem centenas de perfis falsos para Madonna ou Brad Pitt. Na minha rede social, somente a própria Madonna e o próprio Brad Pitt podem se inscrever. Nós vamos atrás para checar e ver se são eles mesmos. Além disso, as pessoas menos famosas terão de provar que possuem uma base de fãs. Alguns atletas do MMA já estão cadastrados no Fan's Channel e se correspondendo com seus fãs. O retorno é imenso. Todo mundo fica feliz: o artista, o fã e eu, que vejo que o negócio está dando certo.

Meu pai não me ensinou a me organizar, planejar as minhas finanças. Não o fez porque ninguém o ensinou antes. Encorajo os pais de hoje a ensinar aos filhos o que aprenderam a respeito do dinheiro. Isso se chama *educação financeira*. Assim que o Davi crescer mais um pouquinho, vou arranjar tarefas para ele ganhar algum dinheiro por fora da mesada. Por exemplo: cortar a grama do jardim, levar o lixo para fora. Acredito que, assim, ele também vai valorizar o trabalho dos outros.

O condomínio em que moramos quando estamos no Brasil tem muitas crianças. Um dia, eu estava em casa, e o Davi chegou com vários amigos, todos muito animados. Ele falou: "Tem um monte de meninas lá embaixo querendo o seu autógrafo." Resolvi fazer uma brincadeira com eles. Disse que faria vários autógrafos em diferentes pedaços de papel e que eles poderiam usar aquilo para negociar com as meninas, chamando-as para brincar. Assim foi feito.

Dali a pouco, um dos meninos volta e fala: "O Davi pegou todos os seus autógrafos e entregou na mão de um moço para poder entrar na academia." Pedi que me explicasse o que tinha acontecido, e ele contou que o Davi queria muito entrar na academia que existe no condomínio para ver os adultos treinando lutas, mas o segurança não queria deixar. Então, ele entregou os autógrafos e todos entraram.

Depois que entendi o que tinha ocorrido, chamei o Davi e conversei com ele: "Tudo bem, filho, você conseguiu o que queria, parabéns. Mas deixa eu explicar uma coisa: não devemos pôr todos os ovos numa mesma cesta. É preciso diversificar." Expliquei a ele que não precisava ter entregado todos os autógrafos ao segurança, podia ter guardado alguns para as meninas.

Também o fiz entender que tudo que chegam para nós com facilidade não tem o mesmo valor daquilo pelo que batalhamos. "O segurança da academia não vai ter o que fazer com tantos autógrafos", disse. E o Davi reconheceu que poderia ter feito melhores negócios com a mercadoria que eu lhe havia confiado.

Compromisso

Em todo negócio, alguém quer vender e alguém quer comprar. De uns tempos para cá, surgiram outros jogadores — a estratégia de marketing, por exemplo, que é definida por alguém que pensa em ações para estimular a venda, projetar a marca etc. Mas o coração da empresa, para mim, é o setor de recursos humanos porque é essa área que vai direcionar cada pessoa, com seu talento especial, para a atividade em que poderá ajudar da melhor forma a organização.

Quando tenho a chance de conversar com algum grande empresário, gosto de saber o que ele fez, como chegou lá. Observo que esses homens estão cercados de bons técnicos e que confiam na própria intuição. Eles também incentivam as pessoas a melhorar sempre. Com o estímulo, vem a responsabilidade e o compromisso.

Quando tenho a chance de conversar com algum grande empresário, gosto de saber o que ele fez, como chegou lá. Observo que esses homens estão cercados de bons técnicos e que confiam na própria intuição. Eles também incentivam as pessoas a melhorar sempre.

Ao visitar a Sky, rede de canais por assinatura que se tornou um dos meus patrocinadores, assim como do UFC no Brasil, tive o privilégio de conhecer o presidente da empresa, Luiz Eduardo Baptista, também conhecido como Bap. Sua visão de liderança é impressionante. Em uma longa conversa, aprendi muito com ele. O grande sucesso da Sky está tanto na venda de assinaturas quanto na maneira como a empresa valoriza seus funcionários.

Tive um exemplo disso quando ele me disse: "Aqui tem o cafezinho mais gostoso que você já tomou." Logo chegou a funcionária responsável pelo café, e o executivo elogiou a bebida, que estava realmente deliciosa. A funcionária deixou a sala toda contente, visivelmente orgulhosa. Como é importante elogiar, valorizar e remunerar bem aqueles que contribuem com o seu trabalho para o nosso sucesso. É evidente que isso reforça o compromisso dessa pessoa com o que ela faz e com a própria empresa.

Aquela situação simples me fez entender algo que eu já tinha ouvido sobre a importância de ser o melhor na profissão. Vai ser faxineiro? Seja o melhor faxineiro. Vai ser pedreiro? Seja o melhor pedreiro. Mas sem se comparar com os outros, porque se não estará sujeito a se frustrar, sentir inveja e assim perderá o foco. O importante é ser o melhor dentro da sua possibilidade.

Sou feliz com o que tenho hoje. A felicidade não está nos meus negócios, mas nos meus valores. Não adianta ter todo o dinheiro do mundo e não ter tempo para a família e as coisas que realmente me alimentam, ou não trabalhar com o que gosto. Porque dinheiro não tem sentimento. Os cem dólares que estão na minha carteira vão parar na sua sem o menor problema.

Capítulo 14

Mantendo a guarda

Manter a guarda, no MMA, significa não dar brecha para que o adversário atinja você com qualquer golpe. O lutador se mantém de pé e se desvia ou se defende da ofensiva do outro, aproveitando qualquer fração de segundo para revidar. Aproveito essa explicação para fazer uma analogia com o mundo do trabalho. Em uma sociedade competitiva como a nossa, é preciso estar em guarda o tempo todo, atento para não perder tempo e ficar para trás.

Li no livro *Beleza, um bom negócio*, do empresário Rudi Werner (Senac), dono da rede de salões de beleza Werner Coiffeur, que uma vez por ano é realizado algum tipo de melhoria em todos os salões da rede. São mais de quarenta no Brasil e em Angola, em sistema de franquia. Quando uma loja muda, todas têm de mudar, seja pintura de paredes, troca de toalhas, arranjos de flores diferentes. Para dar um ar de novidade, só assim. Uma vez a cada cinco anos, a mudança é mais radical: cada loja passa por reforma completa. A explicação para essa trabalheira é a seguinte: "Se você não fizer, a concorrência o ultrapassa."

É dura a vida no mundo dos negócios. Eu ainda não entrei de cabeça porque mantenho a minha rotina de lutador. Contudo, eu me cerquei de gente de confiança e não deixo de pedir conselhos a amigos que são grandes empresários. A minha equipe é formada por poucas pessoas. A principal é minha mulher, Joana Prado. Em seguida, vem meu primo, Pedro Lima, meu braço direito. Há outros que também têm uma participação muito importante nos meus empreendimentos (treinadores, conselheiros, empresários e sócios).

Podem dizer que sou um cara conservador por pensar assim, mas gostaria de compartilhar uma história do maior líder do mundo. Jesus mantinha cinco níveis de relacionamento com as pessoas, que vou citar aqui de maneira decrescente.

Multidão
Muita gente, mas poucos com algum nível de acesso direto permanente a ele.

Os setenta
Foram enviados para preparar o caminho. Formavam um grupo com algum nível de relacionamento com Jesus.

Os doze
Os apóstolos. Conviviam com ele o tempo todo e desfrutavam de uma intimidade maior.

Os três
João, Pedro e Tiago. Eram os que mereciam sua total confiança, os mais íntimos.

João
O mais próximo de todos. A Bíblia se refere a ele como "o discípulo que Jesus amava".

Fazendo uma analogia com a vida, podemos colocar da seguinte maneira.

Trabalho
Os colegas com os quais convivemos em nossa atividade profissional. A não ser que algum deles se torne amigo, não têm acesso a nenhum nível de intimidade.

Conhecidos
As pessoas que conhecemos, mas com as quais o relacionamento tem limites bem definidos.

Familiares e amigos
Com esses temos um relacionamento regular e permanente, além de um nível alto de intimidade.

Família (mulher e filhos)
São as pessoas mais próximas, aquelas que estão convivendo o tempo inteiro conosco e que são merecedoras de total confiança.

Deus
O mais próximo de nós.

Esses níveis continuam sendo o segredo do sucesso até hoje. A Joana, por exemplo, aos treze anos foi trabalhar na empresa de engenharia civil de seu pai porque não se sentia confortável com aquela idade ganhando mesada. Começou como *office girl* e se tornou assistente da diretoria. Em vez de ganhar mesada, como todas as meninas de sua idade, ganhava salário.

Depois foi trabalhar na loja de roupas da mãe e, como era muito bonita, passou a desfilar as novas coleções para as clientes em pequenos desfiles fechados. Continuou fazendo isso mesmo após ingressar na faculdade de comércio exterior.

A entrada no programa *H*, do Luciano Huck, aconteceu porque as férias se aproximavam e ela queria viajar para Salvador. Como não tinha dinheiro, decidiu aceitar o convite da dona da agência de modelos na qual trabalhava para fazer um teste na Rede Bandeirantes. A emissora convocava jovens para a função de assistente de palco do programa, que naquele ano seria gravado na capital baiana. No dia do teste, todas as moças foram de short e só ela, de calça comprida. Foi escolhida assim mesmo e, ao fim da temporada, ganhou tanto destaque que o próprio Huck inventou para ela o personagem da Feiticeira.

Tudo isso para dizer que a Joana é muito bem-preparada. Tem visão de negócios e dá dicas importantes. Por exemplo, nas primeiras transmissões em vídeo feitas para o Fan's Channel, eu e Pedro estávamos achando tudo ótimo, mas ela chamou a nossa atenção, dizendo: "O que é isso atrás do atleta? Estou vendo uma parede com um telefone pendurado." Era verdade. A partir daí mandamos produzir *banners* para compor o cenário com a logomarca do canal.

Pedro é lutador como eu. Nós nos aproximamos no período em que morei em Belo Horizonte, pois ele é da parte da minha família que vive lá. Há menos de um ano, eu o convidei para morar em Las Vegas e trabalhar comigo, ajudando com a parte do meu treinamento e dos atletas que agencio. Ele não é tão organizado quanto a Joana, mas tem muitas outras qualidades, como a calma, a ponderação e a fidelidade.

O meu pai, já falei sobre ele. O que posso dizer é que ele conjuga os conhecimentos das áreas de administração e esportes, além de ter visão de empresário. O mais importante é que ele adora trabalhar. Sempre foi assim. Nunca vi o meu pai parado, sem fazer nada. Está sempre se atualizando, lendo jornal ou um livro, estudando alguma planilha que tenha a ver com os nossos negócios. Ele me ajuda muito e é um prazer trabalhar com ele.

PLANTANDO AS SEMENTES

Eu e a minha equipe somos muito cuidadosos nesta etapa do trabalho com a marca Belfort, porque é como uma plantação que está começando. As sementes foram plantadas e regadas, e as plantinhas verdes começam a nascer. Ainda não dá para fazer a colheita, mas em breve será possível.

Como tudo está sendo feito com calma e cuidado, acredito que os resultados serão bons. Porque tudo o que eu faço, converso com Deus antes e firmo um pacto: "Se for para o meu bem e de todos os envolvidos, o projeto vai adiante." Esta é uma dica que eu dou: em qualquer empreendimento, determine antes a sua intenção de trabalho. Converse com Deus e exponha a ele as suas razões para estar fazendo aquilo. Explique aonde quer chegar e o que pretende ganhar. Vá mais além e diga o que vai fazer com o que pretende ganhar.

Por fim, abra mão do controle da situação, entregando-a nas mãos dele. Diga: "Se for do meu merecimento e para o meu bem e de todos os envolvidos, que o negócio se realize." Comprometa-se também a fazer a sua parte da melhor maneira, realizando um trabalho excelente e completo.

Aprendi com a dona de uma empresa de recursos humanos que nunca devemos dizer: "Farei esse trabalho da melhor maneira possível" [...] Em vez disso, devemos dizer: "Excelente e completo", pois pressupõe que todas as tarefas serão executadas com excelência do início ao fim.

Aprendi com a dona de uma empresa de recursos humanos que nunca devemos dizer: "Farei este trabalho da melhor maneira possível." Simplesmente porque a melhor maneira possível é algo subjetivo. Pode ser bom para você, mas ruim para quem contratou o serviço. Em vez disso, devemos dizer "excelente e completo", pois pressupõe que todas as tarefas serão executadas com excelência do início ao fim.

Ao fechar a minha intenção de trabalho com Deus, relaxo e observo o encaminhar das coisas. Algumas não vão para frente. Não lamento, de jeito nenhum, pois, uma vez que esteja entregue nas mãos de Deus e que ainda assim não tenha dado certo, é sinal de que o resultado não seria bom para mim ou para algum outro envolvido. Tem horas em que dá pena ver isso acontecer porque a oportunidade parecia muito boa. Mas também sei que não adianta insistir, ou as chances de decepção aumentam.

Certa vez, em viagem ao Rio de Janeiro, fui visitar um amigo publicitário que começou sua agência em casa com mais três amigos e hoje ocupam um andar inteiro de um shopping na Barra da Tijuca. Em certo momento, fui buscar água na cozinha e vi escrito em uma lâmina imantada, colada na porta da geladeira: "Saúde, trabalho, felicidade." Como estou em uma fase de mudança, buscando crescer e prosperar, achei curiosa a escolha e a ordem das palavras. Percebi que ali estava a receita de prosperidade desse meu amigo, que é um exemplo vivo do que está escrito:

1. Saúde: o bem maior; quem a tem já pode correr atrás do resto.
2. Trabalho: reclamamos muito do trabalho, mas quem ama o que faz tem consciência de que, ao trabalhar, também se diverte. É muito importante isso — trabalhar com o que se gosta.
3. Felicidade: palavra genérica que inclui sorte no amor, paz interior, família saudável e unida.

Uma coisa boa de se trabalhar com a família é a certeza de contar com sua discrição e confidencialidade, dois fatores importantes na manutenção da guarda. Aprendi que, da mesma forma que na vida pessoal, não devemos compartilhar nossos planos e projetos com quem não tem a ver com a história.

"O bom repórter nunca revela a sua pauta", costumava dizer um amigo jornalista do meu pai. Perguntei a ele o que era pauta e me explicou que era o assunto da reportagem. Seu temor era que, caso revelasse, algum colega se adiantasse e fizesse a matéria antes dele.

Não sou tão paranoico assim. Acredito que cada um possui um jeito próprio de fazer as coisas, e que mesmo que eu tenha um concorrente, vamos trabalhar de formas diferentes. Confio no meu taco. Sei que tenho dedicação, critérios e valores suficientes para realizar bons negócios, que vão espelhar a minha maneira de ser. E, como o meu compromisso é com o bem, só preciso me preocupar em fazer a minha parte de maneira excelente e completa.

Capítulo 15

Finalização

Agora que você já sabe como é a vida de um lutador, aceita subir comigo ao octógono? Se lembre de que é um lugar sagrado, onde o tempo para e toda a energia dos nossos treinos converge para se transformar em golpes, socos, chutes e imobilizações. Por isso, muita atenção e cuidado.

No primeiro *round*, olhamos nos olhos um do outro e proponho que reflita sobre a primeira etapa da sua vida. Qual era o contexto familiar na época do seu nascimento? Mesmo que não tenha sido feliz, lembre-se de que é um lutador e que a disputa está apenas começando. Principalmente, lembre-se de que todos nós nascemos com um pacote de dificuldade e temos liberdade para escolher o que fazer com ele. Algumas opções:

- Carregar o pacote fechado a vida inteira: no fim, você estará encurvado com esse peso, além de outras dificuldades que vamos sendo obrigados a carregar.

- Jogar fora sem olhar o que há dentro: é um risco grande, pois dentro do pacote, além de entulho, há ouro e pedras preciosas. Lembre-se de que o trigo cresce junto com o joio, e cabe a nós separá-los.
- Abrir e olhar: verá o valor do seu pacote e que as pepitas de ouro e pedras preciosas brutas merecem ser polidas e lapidadas. É trabalho para a vida inteira, mas no fim terá um tesouro.

Recomendo que pense bem antes de decidir, ou melhor, que *sinta* qual é a melhor opção. Porque sua escolha vai definir o seu cartel. Vai lutar por lutar ou entrar com tudo para vencer? Será um atleta mediano ou um verdadeiro *journeyman*?

Durante a luta, eu vou atingir você, causando alguns *bruisers*, porque esse é o meu papel. Não quero fazer mal nem machucar você, mas, às vezes, precisamos de impactos para acordar e fazer o verdadeiro trabalho dentro de nós. Lembre-se de que os diamantes se formam em condições extremamente adversas. E que o ouro precisa ser derretido para se transformar em joia.

Quando eu bater, espero que sua atitude seja a de um *brawler* ou até mesmo a de um *contender*. OK, eu sou o campeão, mas quem sabe você está tão bem preparado que é capaz de me vencer? Caso isso aconteça, vou lembrar que o cartel de todo lutador é formado de vitórias e derrotas, e que perder é sempre uma oportunidade de aprender com os erros e procurar melhorar.

Entretanto, não vou cair tão fácil quanto você imagina. Sou capaz de me antecipar e identificar as oportunidades de atingir meu adversário. Sou organizado e disciplinado nos meus treinos e manobras, de modo que sempre levo a melhor nas lutas.

Vou dar uma dica: quando começar a se sentir cansado e desanimado, se lembre de que tudo passa, e esta luta também passará. E que o mais importante não é ganhar ou perder, mas ser fiel aos seus valores. Compromisso é para ser cumprido.

INTERVALO

Toca a campainha, é o fim do primeiro *round*. Você tem um minuto para descansar, receber bolsas de gelo sobre os *bruisers*, ouvir o aconselhamento dos *corners*. Mas onde está o *cutman*? Ah, ele vem chegando com os chumaços de algodão e a vaselina nas mãos para cobrir cortes eventuais. Não é qualquer *cutman*, mas o seu *cutman*, aquele você que escolheu e elegeu por dar exemplo, mais do que por palavras. Basta a presença dele para acalmar. E rapidamente você se conecta com o lugar da paz dentro si, de onde tira forças e energia para continuar. Porque logo o sinal toca e é hora de voltar à luta.

No segundo *round*, vou ser um *challenger* e fazer de tudo para você desistir. Vou provocar e desafiar. Vou causar tantas dúvidas e tanto estresse que você corre o risco de cair num *takedown* espetacular. Vou fazer você ver miragens, vou tentar corromper seus princípios — perca a luta e depois dividimos o prêmio. Quando está a ponto de desistir e aceitar, vem a consciência de que estou lhe acenando com um brilho falso de que não vale a pena abrir mão dos seus princípios e valores. Afinal, você já é um campeão, independentemente do resultado da luta.

Seu *sparring* foi bom, com isso eu não contava. Adivinho que praticou *shark tank* várias vezes ao longo das últimas semanas, pois sua resistência física parece não ter fim. Além do bom preparo físico, noto que tem fé. É difícil desestabilizá-lo com meu *trash talking*. Vem o segundo sinal e novo minuto de descanso.

Apesar do meu comportamento agressivo — a agressividade faz parte do combate —, enquanto estou com meus *corners* e com meu *cutman*, aumenta a minha convicção de que deve vencer o melhor, aquele que treinou mais e que está com a mente preparada para o confronto.

Começa o *round* final. Por um equívoco, aplico um golpe baixo. É proibido, mas o juiz e os outros árbitros não viram. Peço desculpas por agir assim, mas não pude evitar. Quando estou quase ganhando por *tapout*, você levanta e muda a atitude. Apesar de estar mantendo a guarda, sou surpreendido por uma manobra de base invertida e vou ao chão. Chegou o momento da finalização. Mas eis que o tempo termina e somos separados pelo árbitro.

Você está de parabéns. Ficou firme até o fim. Mostrou-se bem preparado física e mentalmente. Mudou a estratégia quando estava perdendo e conseguiu derrubar seu oponente. A vitória será por pontos e estamos aguardando o resultado.

Aqui termina este capítulo. Você, leitor, é que decide quem será vitorioso, com base no seu livre arbítrio. Prefere fazer do quebra-molas uma montanha ou da montanha o quebra-molas? Já sabe a minha opinião.

Capítulo improvável

Knockdown

Sexta-feira, 1º de junho de 2012. Com o braço enfaixado, peço ajuda ao meu editor para digitar enquanto dito este texto. Há uma semana, este livro estava praticamente pronto, e o capítulo que você lê agora nem passava pela minha cabeça. Com o livro nos processos finais de produção, eu me concentrava quase que unicamente na próxima luta, a final do The Ultimate Fighter Brasil, em Belo Horizonte, daqui a pouco mais de vinte dias. Passava a maior parte do tempo em minha academia, na Barra da Tijuca, treinando para enfrentar meu adversário. Tudo o que você leu a respeito de foco, disciplina, entrega, confiança, preparação, motivação e outros temas sobre os quais discorri nas páginas anteriores estava sendo colocado em prática.

Eu só não contava com o *knockdown* do dia 27 de maio. Não, eu não fui derrubado no ringue, nem fiquei temporariamente no chão, como se diz de um lutador que cai, mas depois se levanta para continuar a luta. O *knockdown* a que me refiro foi na alma. Um acidente de trabalho — um osso da mão esquerda se deslocou enquanto eu fazia *sparring* na academia — me tirou a oportunidade de participar, pelo menos por um tempo, de uma luta pela qual eu ansiava. Foi necessário instalar um pino para recolocar e manter o osso no lugar. Serão quatro semanas fazendo curativos e mantendo o local imobilizado.

Vou ser sincero: durante dois ou três dias, tive duas sensações que detesto (e creio que você também) — tristeza e frustração. Sou humano. Deus sabe disso. Não era a primeira vez que eu me contundia, mas disputar a final do TUF tinha um sabor especial. É a primeira vez que esse programa é realizado no Brasil, meu país, o lugar onde estão meus familiares, meus amigos, vários preparadores, patrocinadores, a imprensa que acompanha minha carreira, lutadores que treinam comigo e, naturalmente, meus fãs. E, quando falo em fãs, não digo isso com arrogância. É que essa é a palavra mais carinhosa para me referir a milhões de pessoas que sabem do meu desejo de representá-las e que torcem por mim.

Fiquei arrasado no dia em que os especialistas viram minha mão e disseram, sem rodeios, que se tratava de coisa grave. Mais ainda quando Dana White, presidente do UFC, deu uma entrevista anunciando que eu estava fora da final do TUF Brasil. Joana, mesmo a distância, oferecia palavras de apoio. Meu pai, Belfort, minha mãe, Jovita, e meu primo, Pedro, procuravam ser solidários. Mark Schubert e meu pai espiritual, Dan Duke, estavam ao meu lado, orando por mim e me dando força. Recebi o acompanhamento qualificado do médico Michael Simoni. Minha equipe, meus treinadores, todos os amigos da academia, todos queriam dizer alguma coisa para mim, mas naquele momento não adiantava. Os primeiros dias foram como uma contagem para que minha alma assimilasse a queda e tomasse uma decisão: assumir uma derrota ou se erguer de novo.

Frustração

É isso o que acontece quando nos deparamos com frustrações. E não há ninguém que esteja livre delas — a dona de casa, o empresário, o estudante, o operário, o professor, o motorista, o executivo... e o lutador, é claro. Não existe vacina contra a frustração. Basta você fazer um plano para sua vida e lá está ela, pronta para atacar. Evidentemente, a gente faz de tudo para evitar que ela se aproxime. Tomamos todas as precauções, evitamos os riscos, procuramos nos preparar bem. No entanto, nem todos os esforços e cuidados do mundo são suficientes para lidar com o imprevisto ou o indesejável, os combustíveis da frustração.

Quando ela chega, somos desafiados a assumir uma entre três atitudes.

Rendição

É a tendência de muitas pessoas. Enquanto tudo está correndo bem, de acordo com os planos, elas estão animadas, estimuladas, prontas para o que der e vier. Mas basta um revés na vida para a frustração bater e acharem que nada mais vai dar certo. A motivação é substituída pela prostração. Nesses casos, o resultado é um *knockout*, ou seja, a luta termina ali mesmo.

Tristeza

É uma reação natural, difícil de evitar. Afinal, foram tantos planos, tanto esforço em nome de um sonho. Ninguém é de ferro, apesar de existir muita gente com coração de gelo. Mas a tristeza não significa necessariamente que a pessoa desistiu. A frustração produz um choque, talvez uma imobilização temporária, mas a pessoa não desiste.

Inconformidade

Essa é a postura do guerreiro que persegue a vitória e não abre mão dela. Ele pode até ter passado por uma fase de tristeza provocada pela frustração, mas tem plena consciência de que, se os planos não se realizaram agora, alguma coisa maior está esperando lá na frente. Gente assim crê em algo além do que os olhos podem ver.

Para mim, esse "algo" tem nome: Deus. A certeza de que existe um plano que posso não compreender agora, mas que vai fazer sentido lá na frente, é motivo para eu seguir adiante. E, no meu caso, posso garantir que essa esperança sempre se confirma. Não pense que a frustração de não participar da final do TUF Brasil é a primeira ou única da minha vida; claro que não. Mas o que me dá forças para superar a tristeza e não me conformar com a frustração é muito maior do que qualquer coisa que possa dar errado.

É isso o que me motiva a seguir adiante nesse momento. Todos sabem o que aconteceu quando recebi a notícia de que a contusão era grave. Enquanto eu falava do meu desapontamento por não participar da luta final e tentava sugerir um adiamento, ouvia até especulações de que eu tivesse amarelado. Felizmente, não sinto a menor vontade de participar dessas discussões. Para mim, só servem para tirar o foco. Não tenho tempo para isso nem tenho nada que provar a ninguém. Tenho coisas mais elevadas para ocupar minha mente.

No momento em que finalizo este capítulo, a decisão do TUF Brasil está marcada para o fim de junho com um lutador me substituindo. Mas já superei a frustração e, assim que eu me recuperar dessa lesão, vou me preparar para enfrentar qualquer adversário, seja Wanderlei Silva ou qualquer outro. Vai merecer meu respeito, mas não meu medo. Sou um guerreiro. E, seja qual for o resultado, tenho a convicção, ao olhar para minha família, meus amigos, minha profissão, minha história e minha fé, que meu prêmio é bem maior e que sou mais que vencedor.

Esse episódio da lesão na mão, o período de recuperação e todo o processo de resgate da minha história e meus valores para a concepção deste livro me levaram a reavaliar até meu futuro. Há pouco tempo, pensava em fazer mais duas ou três lutas e parar, mas tudo isso me fez refletir que ainda tenho tudo o que um atleta precisa para se manter em atividade. Continuo me sentindo muito bem fisicamente, estou cada vez mais motivado, sinto alegria nos treinamentos, vou para o octógono com muita determinação e confiança, minha fé é inabalável, minha família me apoia. Por tudo isso, resolvi que ainda posso lutar por, pelo menos, mais cinco anos. Afinal, ainda sou um guerreiro e, mesmo quando achar que chegou o momento de me aposentar, não deixarei de ser.

Glossário

Adaptado do glossário do site MMA Brasil (www.mma-brasil.com)

Absoluto

Categoria de disputa para esportes de combate em que não há limite de peso estabelecido para os competidores.

Americana

Chave de braço em que há torção do cotovelo, com risco de quebra se o adversário não *bater*.

Antecipar

Ato de perceber a ação do oponente antes que ele execute uma manobra para neutralizá-la ou anulá-la.

Árbitro

Profissional responsável por mediar o combate, com autoridade para tomar decisões sobre a disputa, garantindo que as regras sejam cumpridas. Tem também o papel de preservar a integridade física dos lutadores. Não confundir com juiz.

Assalto (ou *round*)

Divisão de uma luta em espaços de tempo de igual duração. O número de assaltos numa luta pode variar entre três (MMA amador e MMA profissional sem disputa de título), quatro (boxe amador), cinco (MMA com disputa de cinturão), seis (boxe profissional para lutadores com menos de cinco lutas no cartel), oito (boxe profissional), dez (boxe profissional sem disputa de cinturão) e doze (boxe profissional com disputa de cinturão). Os assaltos do boxe duram dois minutos (amador) ou três minutos (profissional), com um minuto de intervalo entre cada assalto. No MMA, os assaltos duram normalmente cinco minutos, com um de intervalo. Variações podem ocorrer de acordo com a organização do evento.

Base invertida

Situação em que o lutador inverte sua base com o intuito de confundir o adversário. Se for destro, passa para a base de canhoto (pé e punho direitos à frente); se for canhoto, passa para a base de destro (pé e punho esquerdos à frente).

Brazilian Jiu-Jitsu

Estilo de jiu-jitsu desenvolvido no Brasil pela família Gracie. Os irmãos Carlos e Hélio Gracie aprenderam a arte do jiu-jitsu com o japonês Esai Maeda Koma, adaptando o estilo para que lutadores fisicamente inferiores pudessem superar adversários maiores e mais fortes. Atualmente é a forma de jiu-jitsu mais praticada no mundo.

Brawler

Diz-se do lutador com estilo brigão, como se estivesse numa briga de rua.

Bruiser

Diz-se das marcas deixadas pelos combates ou do lutador de aspecto selvagem e rude.

Cartel

Currículo de um lutador, apresentando as lutas realizadas separadas por vitórias, empates, derrotas e *no contests*. Quando se diz que um lutador tem um cartel de 32-4-1-1, significa que venceu 32 combates, perdeu 4, empatou um e um deles terminou em *no contest*.

Chave de braço (*armlock*)

Golpe em que o atleta imobiliza um dos braços do adversário e faz pressão sobre o cotovelo na direção contrária ao movimento natural desta articulação. Se o adversário não *bater* e o golpe for finalizado, a chave de braço pode quebrar ossos do braço ou a articulação do cotovelo.

Chave de ombro (omoplata)
Classe de golpes em que o atleta exerce pressão sobre o ombro do adversário na direção contrária ao movimento natural dessa articulação. Se o adversário não bater e a chave de ombro for finalizada, ela pode romper os ligamentos da articulação do ombro.

Contender
Lutador que, por seu cartel e qualidades, é um candidato natural ao posto de desafiante.

Cornermen
Profissionais de diversas especialidades que vão ao ringue com a missão de prestar auxílio a um lutador. No boxe são chamados *seconds* (segundos). Podem ser desde o treinador principal (*coach*), treinador auxiliar, *cutman*, preparador físico, médico, entre outros.

Cruzado
Da família dos golpes curvos, é tão forte quanto o direto, faz um arco na frente do corpo, com o cotovelo a um ângulo de 90º e tem como alvo a parte lateral da cabeça do oponente.

Cruzado olímpico
Golpe do tipo cruzado, executado com a palma apontada para o chão e o cotovelo na altura do ombro.

Cruzado profissional
Golpe do tipo cruzado, executado com a palma apontada para o próprio corpo.

Cutman
Cornerman responsável por prevenir e tratar danos físicos a um lutador durante os intervalos entre os *rounds*.

Decisão
Método de finalização de uma luta quando não há um nocaute ou submissão. Nesse caso, os juízes ficam responsáveis por definir o vencedor a partir da pontuação fornecida ao longo dos assaltos. Uma luta definida na decisão

pode terminar como decisão unânime, decisão majoritária, decisão dividida ou empate majoritário.

Decisão dividida

Quando dois juízes indicam um lutador como vencedor e um terceiro juiz aponta o adversário como vencedor.

Decisão majoritária

Quando dois juízes indicam um lutador como vencedor e um terceiro juiz aponta empate (sem vencedor). Este termo é erradamente confundido com decisão dividida.

Decisão unânime

Quando todos os juízes indicam o mesmo lutador como vencedor do combate.

Direto

Da família dos golpes retos (ou frontais), é muito rápido e forte, executado com o punho que está atrás da guarda (direita de um lutador destro, esquerda de um canhoto).

Dirty boxing

Golpes (normalmente socos ou cotoveladas) lançados no *clinch*, quando o lutador trava a cabeça do oponente com uma mão e soca com a outra. Recebeu esse nome por ser uma manobra ilegal no boxe. Randy Couture notabilizou o estilo no MMA.

Dojo

Local de treino das artes marciais japonesas. Literalmente traduzido como "local de Tao". Chamado também *dojang* (taekwondo), *sasaran* (encak silat) e *heya* (sumô).

Double-leg

Queda em que o atleta ataca as duas pernas do adversário.

Empate majoritário

Tipo de decisão muito rara, ocorre quando dois juízes apontam empate e um terceiro juiz aponta um lutador como vencedor.

Empresário

Pessoa que negocia contratos de luta, publicidade etc. em nome de um atleta.

Finta

Ato de simular um golpe para enganar o oponente.

Gancho

Da família dos golpes curvos, bastante semelhante ao cruzado, com a diferença de ser executado em curta distância e contornando a guarda do adversário. Erradamente confundido com *upper*.

Golpe baixo

Golpe aplicado na região pubiana. É proibido em todos os estilos de luta que compõem o MMA e causa punição, desde perda de ponto até desclassificação por reincidência.

Grappling

Qualquer estilo de luta agarrada, seja em pé ou no chão; é a arte de controlar o corpo do oponente.

Ground and pound ou *ground'n'pound*

Tática de luta de chão criada e introduzida no MMA pelo *wrestler* americano Mark Coleman que visa derrubar o adversário, obter uma posição dominante e atingi-lo predominantemente com socos e cotoveladas. Hoje é uma parte essencial do estilo MMA.

Guarda

[1] No jiu-jitsu, posição em que o atleta mantém o adversário entre suas pernas ou tenta controlá-lo com elas. [2] No boxe, guarda é a posição inicial, de onde partem todos os golpes.

Jab

Da família dos golpes retos (ou frontais), rápido e com menor poder de fogo, normalmente utilizado para preparação dos demais golpes ou para medição e manutenção de distância, executado com o punho que está na frente da guarda.

Joelhada voadora (*flying knee*)

Golpe aplicado quando o lutador precisa tirar o pé de apoio do chão para acertar o adversário com o joelho. Utilizado largamente no muay thai e em outros esportes derivados.

Journeyman

Significa quase o oposto de *contender*. É o lutador experiente, mas com cartel apenas regular, normalmente escalado para tapar buracos em *cards* ou servir de escada para atletas promissores.

Knockdown

Quando um lutador é derrubado por um golpe de *trocação*, mas se levanta antes do prazo regulamentar de nocaute.

MMA

Mixed Martial Arts, artes marciais mistas. Esporte de combate do tipo *full contact* que cobre uma diversidade enorme de técnicas de lutas; uma evolução do que antigamente era conhecido por vale-tudo.

Nocaute

Método de finalização de uma luta, ocorre quando um lutador fica impossibilitado por um período especificado de se levantar do chão após um golpe.

Nocaute técnico

Método de finalização de uma luta, ocorre quando o árbitro ou outro elemento da disputa (médico, treinador ou o próprio lutador) interrompe o combate por considerar que um competidor não tem mais condição de continuar. No boxe amador, uma luta pode ser declarada nocaute técnico se um lutador estiver quinze pontos na frente do adversário. Alguns regulamentos profissionais também consideram três quedas no mesmo assalto como nocaute técnico.

Octógono

Local de disputa das lutas de alguns eventos de MMA, como o UFC e o WEC. Consiste em uma jaula octogonal de 9,5m de diâmetro, onde as cordas são substituídas por grade de 1,67m a 1,72m de altura. O octógono fica suspenso em uma plataforma a 1,2m de altura em relação ao piso do local.

Passar a guarda

Movimento ofensivo que se dá quando um lutador passa da posição de guarda para a lateral do oponente.

Pride

Pride Fighting Championship, extinto evento de MMA baseado no Japão, nascido em 1997. Suas lutas eram disputadas em ringues. Por muito tempo, foi o principal evento de MMA do mundo, quando contou com audiências que chegavam a 70 mil espectadores. Em 2007, a Zuffa LLC, proprietária do UFC, comprou o Pride, da Dream Stage Entertainment, e o extinguiu.

Pro Wrestling

Arte de representação baseada no *wrestling*, em que os praticantes criam um espetáculo de entretenimento simulando um combate desportivo. A organização mais conhecida de *pro wrestling* é a WWE. Alguns campeões do MMA saíram dessa modalidade, como Brock Lesnar.

Quedar

Derrubar o adversário. Manobra normalmente pontuada no MMA.

Raspagem

Manobra de reversão executada quando um lutador encontra-se com as costas no chão e o adversário sobre ele. Com a raspagem, as posições são invertidas, e quem estava de costas para o chão passa a ficar por cima.

Ringue

Local de disputa das lutas de boxe e de alguns eventos de MMA, como o Affliction. Consiste em um quadrado que pode variar de 4,88m a 7,22m em cada lado. Nos quatro cantos do ringue são colocados postes de 1,5m de altura que prendem as quatro cordas que envolvem o local e delimitam a área de combate. As cordas ficam a aproximadamente 30cm de distância uma das outras e a 60cm para dentro do espaço da plataforma. Normalmente o ringue fica suspenso em uma plataforma de 0,91m a 1,2m de altura em relação ao piso do local.

Saída lateral

Movimento em que um lutador se esquiva de um golpe frontal, movimentando-se para um plano lateral.

Single-leg

Técnica de queda em que um lutador faz um ataque de pernas e agarra uma das pernas do oponente com as duas mãos, tentando derrubá-lo.

Soco giratório

Golpe executado com as costas ou lateral da mão após um giro completo do corpo.

Southpaw

Gíria para lutadores canhotos, ou seja, que possuem base canhota, com pé e punho direitos à frente. Contrário à base ortodoxa.

Sparring

Modo de treino com um parceiro para simular eventos que podem ocorrer em uma luta.

Sprawl

Técnica de defesa do *wrestling* para impedir tentativas de quedas (normalmente *single* ou *double-legs*), consiste em lançar as pernas para trás e bloquear a entrada do oponente com o tronco e braços.

Sprawl-and-brawl

Tática de luta em pé, na qual o lutador evita o combate no chão, fazendo uso de *sprawls* para se defender de quedas e atacando com golpes de *trocação*.

Stand-up

Conjunto de técnicas empregadas na luta em pé, envolvendo elementos de *trocação* e bloqueio.

Striker

Diz-se do lutador especializado na arte da *trocação*.

Submission ou *Submission Fighting*

Estilo de luta de agarramento (*grappling*), é um termo geral de luta em que os praticantes não utilizam quimono. Reúne técnicas de luta olímpica, Brazilian jiu-jitsu, judô e sambo. Faz uso do *clinch* e de luta no solo com o objetivo de imobilizar ou finalizar o adversário.

Takedown

Derrubar.

Tiro de meta

Gíria utilizada para descrever o chute que um lutador aplica em um adversário na cabeça, fazendo um movimento semelhante a um goleiro de futebol cobrando um tiro de meta. Este golpe é normalmente proibido em eventos de MMA em octógonos, apenas permitido em alguns eventos disputados em ringues. As Regras Unificadas do MMA não mais permitem o tiro de meta.

Trash talking

Expressão utilizada para simbolizar o discurso provocativo de um lutador antes do combate. Apesar do tom jocoso e, às vezes, até ofensivo, também se trata de uma manobra de marketing para divulgar o evento.

Triângulo

Estrangulamento em que o atleta coloca o pescoço e um braço do adversário entre suas pernas, posicionando também sua panturrilha sobre a nuca do adversário e o pé da mesma perna sob o joelho da outra. Se o adversário não bater e o golpe for finalizado, o triângulo pode fazer o adversário perder a consciência.

Trocação

Arte de atingir o oponente com golpes de contundência, como socos, chutes, cotoveladas, joelhadas e cabeçadas. No MMA, sua aplicação pode ser feita em pé ou no chão.

UFC

Ultimate Fighting Championship, maior entidade que promove eventos de MMA do mundo na atualidade, com combates disputados em octógonos, é sediada nos Estados Unidos. Foi fundada em 1993 por Art Davie, Rorion Gracie e Robert Meyrowitz. Atualmente é comandada pela Zuffa Entertainment, LLC e presidida pelo americano Dana White.

Upper ou *Uppercut*

Da família dos golpes curvos, é muito veloz, desferido de baixo para cima, visando atingir o queixo do oponente (*upper* alto) ou a "zona da cintura" (*upper* baixo). É um golpe de finalização.

Vale-tudo

Antiga denominação para o que hoje conhecemos como MMA, na qual lutadores dos mais diversos estilos de luta se enfrentavam para apontar qual arte seria superior às demais.

WWE

World Wrestling Entertainment, entidade americana que é a principal promotora de espetáculos de *pro wrestling* do mundo.

Acompanhe Vitor Belfort na internet

www.vitorbelfort.com

www.facebook.com/vitorbelfort

twitter.com/vitorbelfort